汉竹 · 亲亲乐读系列

爸爸5分钟早教游戏

沙日夫 主编

江苏凤凰科学技术出版社 · 南京

图书在版编目（CIP）数据

爸爸5分钟早教游戏 / 沙日夫主编 . -- 南京 : 江苏凤凰科学技术出版社，2025.01. --ISBN 978-7-5713-4594-5

Ⅰ. G613.7

中国国家版本馆CIP数据核字第2024GQ2879号

凤凰汉竹
中国健康生活图书实力品牌

爸爸5分钟早教游戏

主　　编	沙日夫
全书设计	汉　竹
责任编辑	刘玉锋　赵　呈
特邀编辑	李晓雪　杨　越　张　欢
责任设计	蒋佳佳
责任校对	仲　敏
责任监制	刘文洋
出版发行	江苏凤凰科学技术出版社
出版社地址	南京市湖南路1号A楼，邮编：210009
出版社网址	http://www.pspress.cn
印　　刷	南京新世纪联盟印务有限公司
开　　本	720 mm × 1 000 mm　1/16
印　　张	11
字　　数	220 000
版　　次	2025年1月第1版
印　　次	2025年1月第1次印刷
标准书号	ISBN 978-7-5713-4594-5
定　　价	45.00元

编辑导读

你是否因为工作繁忙而错过了宝宝的成长瞬间？

你是否渴望在有限的时间里，给宝宝更多的乐趣与收获？

你是否想为宝宝提供更有质量的陪伴，却苦于没有合适的方法？

你是否期待通过简单的游戏，激发宝宝的潜能与创造力？

这本书能给爸爸提供切实的帮助！书中有 260 多个早教小游戏，从体魄、思维和习惯方面培养宝宝，既有趣味性，又有教育性，实现了爸爸把早教课堂搬回家的梦想。每个游戏只要 5 分钟左右，非常适合爸爸在忙碌的工作之余抽出时间，跟宝宝一起玩耍、学习。

爸爸的参与不仅能够增进亲子关系，还能为教育宝宝带来不同于妈妈的视角和体验。游戏结合爸爸的男性思维和体能优势，提高宝宝的运动能力、思维能力、学习能力等，并塑造宝宝坚韧、积极、幽默、豁达的品格，使宝宝健康成长。

本书不仅能帮助爸爸提升亲子陪伴的质量，还能在游戏中深入了解宝宝的成长需求，为宝宝创造一个更加丰富多彩的童年。现在就一起翻开这本书，开启一段美好的亲子早教之旅吧！

目录

第一章 爸爸，你在哪儿？

第二章 0~1 岁，抓握翻爬很简单！

第三章
1~2 岁，蹒跚学步玩起来！

第四章
2~4 岁，秩序敏感期，给宝宝耐心和理解

第五章
4~6 岁，培养好奇心，学龄前的准备

第一章
爸爸，你在哪儿？

一直以来，早教往往被认为是妈妈的任务，多数爸爸由于工作繁忙、经济压力等原因，在宝宝早期成长中经常缺席。但实际上，爸爸和妈妈的教育方式有很大的不同，爸爸更注重培养宝宝坚韧、果断和有担当的品质，因此，爸爸的陪伴和教育是不可或缺的。

“爸爸，你在哪儿？”是在提醒爸爸重视自己在宝宝早期教育中的角色和责任。通过参与游戏，爸爸可以与宝宝建立更紧密的联系，增进彼此的感情，同时，更多地关注宝宝的成长，为其全面发展提供必要的支持和指导。

为什么早期教育需要爸爸参与？

爸爸参与早期教育，对宝宝的成长和发展具有积极的影响，不仅有助于宝宝全面理解性别角色，使宝宝的性格更丰富，还能够使宝宝与爸爸建立更亲密的亲子关系，实现家庭教育的平衡，真是益处多多。

让妈妈更轻松，家庭氛围更和谐

很多家庭都是妈妈带宝宝，导致妈妈既要忙于工作，又要操持家务，还要管宝宝的教育，根本忙不过来，难免会有埋怨。当爸爸参与进来后，能够在一定程度上减轻妈妈的负担，让家庭氛围更和谐。

对爸爸的角色更有自豪感

十月怀胎让妈妈与宝宝有一种天然的亲近感，而一般来说，爸爸只有在见到宝宝，并在相处的过程中和宝宝变得越来越亲近，才会更加投入“爸爸”这个角色和身份，并在教育宝宝的过程中收获成就感和自豪感。

在爸爸陪伴宝宝的过程中，妈妈能够感受到爸爸对自己的理解与关怀，也会更加爱爸爸，增进夫妻之间的感情。

爸爸早教的优势

与妈妈相比，爸爸参与早教游戏的优势如下：

松弛感

相较于焦虑的妈妈，大多数爸爸带娃总是很“粗心大意”“心大”，这恰恰会让宝宝“玩”出创造力。

更灵活

爸爸更加善于引导宝宝从不同的角度灵活地思考问题，激发宝宝的想象力和培养逻辑思维能力。

为宝宝成长发育提供不可替代的支持

爸爸的陪伴和引导在宝宝的自我价值感、性格、社交能力和认知发展中扮演着举足轻重的角色，其重要性无可替代。

更充分的安全感

爸爸身体更强壮、更有力量，这种特质能够让宝宝感受到更多的安全感，进而使宝宝的情绪更加稳定。

更富有创造力

爸爸的陪伴使宝宝能够在一个更轻松的环境中成长，灵活多变的游戏方式也会在无形中激发和培养宝宝的创造力。

更强的逻辑思考能力

作为男性，爸爸通常更加注重逻辑性和理性思考。因此，在爸爸的长期陪伴下，宝宝在这方面的能力也会得到显著提升。

更有冒险精神

爸爸在陪伴宝宝时，倾向于给宝宝更多的自由，鼓励宝宝勇于尝试和冒险。这种突破常规的精神，往往是妈妈难以替代的。

更强的动手能力

在多数家庭中，爸爸往往比妈妈更喜欢动手实践，且拥有丰富的动手经验和较强的动手能力。爸爸在陪伴宝宝时，可以带领宝宝体验更多动手的乐趣，从而培养宝宝的实践能力。

作为爸爸，不仅需要提供物质上的支持，更需要关注宝宝的情感需求，积极参与宝宝的早期教育和成长。一个好爸爸不仅是家庭的支柱，更是宝宝心中的灯塔，指引宝宝走向更美好的未来。

爸爸早教的优势

与妈妈相比，爸爸参与早教游戏的优势还有这些：

力气大

相较于妈妈，爸爸可以做一些妈妈做不了的、对力量有很高要求的游戏，同时给宝宝带来力量感和安全感。

好玩伴

妈妈有时会以“教导者”身份与宝宝互动，爸爸则更多以“玩伴”的身份出现，也会跟宝宝比赛，利于培养宝宝竞争意识。

每天 5 分钟亲子游戏，高效又有趣

许多爸爸的工作非常忙碌，甚至忙到没有时间参与早教，然而爸爸的陪伴对宝宝来说又非常重要。为了解决这个难题，书中给出了简单的亲子互动早教游戏，用时 5 分钟左右，让爸爸陪伴变得高效又有趣。

在欢笑中与宝宝形成情感纽带

通过快乐的早教游戏，爸爸可以和宝宝形成情感纽带。在游戏中爸爸的陪伴和关注，能够让宝宝感受到父爱的温暖，也会让宝宝更有安全感，从而建立起更加亲密的亲子关系。欢乐的早教游戏对宝宝的成长和心理健康也是有益的。

在欢笑、玩闹的游戏中建立起的情感纽带，是在宝宝信任、依赖和共享的欢乐过程中形成的，能够增进父子(父女)之间彼此的理解与信任，激发宝宝积极情绪，同时培养宝宝的社交技能。

游戏突出了爸爸**男性思维、力气大**的优势。

爸爸坚持陪宝宝做游戏的益处

爱玩游戏是宝宝的天性，和爸爸一起玩是宝宝非常开心的事。爸爸不要认为玩游戏是耽误时间的事情，只有一本正经地学习各种知识、技能才是“正途”。爸爸应该成为宝宝进入游戏世界的启蒙者，引导宝宝一起领略游戏的美好。

当然，除了能让宝宝开心之外，和宝宝玩早教游戏还有很多的益处，比如，提高身体协调性、促进大脑发育等。

充分释放精力

宝宝精力旺盛，可以通过游戏释放宝宝精力，这样宝宝吃得香，晚上睡得更香，能促进身体健康成长。

激发创造力和想象力

游戏是一种开放性的活动，在游戏中爸爸通过引导宝宝观察、思考和探索，能激发宝宝的创造力和想象力。

增进亲子感情

在游戏中，爸爸和宝宝共同沉浸在轻松愉悦的氛围中，通过眼神交流、互动、肢体接触以及合作等有利于建立亲密的关系，增进亲子感情。

提升运动能力

宝宝在玩游戏的过程中，能通过身体的各项感官来执行动作，从而提升身体运动能力，这既包括大运动能力，也包括精细动作能力。比如，拍球时就需要眼睛和手的相互配合。长此以往，宝宝的协调能力将不断增强，此外，平衡感、灵敏度、力量等也都能在运动中得到强化。

提升认知

游戏寓教于乐，能够激发宝宝的好奇心和探索欲望，爸爸可以通过游戏引导宝宝认识世界，提升认知。

游戏时爸爸需做到

保持耐心和理解

当宝宝遇到困难或表现不佳时，爸爸要给予鼓励和支持，而不是责备或打击。要理解宝宝的发展阶段和个体差异，不要急于求成。

及时反馈和表扬

爸爸及时肯定宝宝的努力和进步，有助于增强宝宝的自信心和积极性，还可以引导宝宝学会正确评价自己的表现和行为。

游戏中的注意事项

早教游戏是促进宝宝身心健康发展的重要手段，但在游戏中需要注意多方面的因素。爸爸要始终牢记“安全第一”的原则，尊重宝宝的个性和意愿，合理安排游戏时间和内容，以便更好地发挥早教游戏的积极作用。

安全第一，玩耍第二，教育第三

本书的设计明确强调安全第一，旨在激发宝宝的潜能，同时确保宝宝在游戏过程中的安全，爸爸要全程看护，确保宝宝不会因跌倒、碰撞或其他原因受伤。

请记住，宝宝的安全应始终是重中之重。游戏环境要干净、整洁，无尖锐物品和危险物品。请在玩耍过程中始终关注宝宝，尤其是涉及小物件、水或存在潜在危险的活动时。有些游戏可能涉及户外，请使用适当的安全设备（例如头盔、护膝或其他护具）以防宝宝受伤。

很多父母和宝宝在一起游戏时，常会带着一些功利性的目的，希望宝宝能学会一些什么。实际上，父母过于关注游戏的教育意义会让宝宝感到压力，自由自在地玩耍才更有利于宝宝大脑的发育。

游戏中的科学引导与陪伴

游戏形式多样化

6 岁以内的宝宝通过感官获取信息并学习，适合该年龄段的游戏应该符合多感官刺激的特点，包括听、说、运动、触摸等多种形式，以促进宝宝的全面发展。

以宝宝为主体

每个宝宝都有自己独特的个性和兴趣。爸爸应该关注宝宝的情绪变化，并及时调整游戏方式和内容。这样做可以让宝宝充分参与游戏，成为游戏的主体。

注重互动性

早教游戏不仅是宝宝的活动，也是亲子互动的好时机。爸爸要积极参与游戏，还可以通过互动，加强亲子情感交流，增进亲子关系，促进宝宝大脑发育。

合理安排时间

虽然早教游戏对宝宝有益，但也要注意合理安排游戏时间。过长的游戏时间可能导致宝宝疲劳或失去兴趣。爸爸要根据宝宝的年龄和兴趣，合理安排游戏时间和频率。

适合宝宝的年龄

不同的游戏适合不同年龄段的宝宝。爸爸在选择早教游戏时，应确保游戏内容符合宝宝的认知水平和发展阶段。对于 6 岁以内的宝宝建议多参与开放性、体验性、操作性的活动，而不要过多地涉及书写和有标准答案的活动。

第二章

0~1 岁，抓握翻爬很简单！

0~1 岁的宝宝刚刚来到这个世界，爸爸可能还对这个小小的婴儿感到有些手足无措。不要紧，不要慌，此时正是宝宝和爸爸建立亲密关系的重要时期，爸爸一定要紧紧抓住机会。可能有不少爸爸会问：“宝宝这么小，很容易受伤，该和宝宝玩些什么呢？”

本章将按月龄帮助新手爸爸解决这个问题：通过抓握练习，培养宝宝的精细动作能力；借助翻爬游戏，促进宝宝的大运动发展。这些游戏简单易行，只需爸爸每天抽出一点点时间和宝宝玩一玩，这对促进亲子感情、帮助宝宝强健身体是非常有益的。

0~3 个月

满3个月 宝宝的发展里程碑

语言发展

在爸爸和宝宝玩时，宝宝能够咯咯地笑，告诉爸爸自己特别喜欢这样。

睡眠与代谢

宝宝夜间睡眠时间延长，大便之前会自己使劲或者扭动身体。

感知觉（视听觉）

宝宝眼睛可进行180°追视，已经具有一定的辨别方向的能力，听到声音后，头能顺着声音方向转动。

大运动能力

当把宝宝抱直时，宝宝的头可立住不晃，大约坚持15秒，俯卧抬头45°。

人际互动

学会微笑，有时宝宝会通过有目的的微笑和爸爸进行“交谈”。

精细动作能力

宝宝会仔细看自己的小手，双手会握在一起放在胸前玩，可以握带柄的东西，也会抓着东西摇晃。

参考文献：
中华人民共和国卫生行业标准. WS/T 580—2017. 0岁～6岁儿童发育行为评估量表
王卫平，孙锟，常立文. 儿科学 第9版. 人民卫生出版社，2022.

注：以上反映的是婴幼儿普遍的发展规律，具体到每个孩子会表现出个体性差异，若有疑问，请咨询儿科医生。

0~3个月宝宝的早教要点

新生儿

★ 爸爸可以和宝宝进行充分的皮肤接触，多搂抱、多抚摸。
★ 逗宝宝笑。
★ 尽量引导宝宝触摸不同的干净的物品。
★ 引导宝宝进行手的抓握尝试。
★ 记得和宝宝对话、交流，引导宝宝进行发音练习。
★ 以微笑和丰富的表情看着宝宝。
★ 让宝宝趴在爸爸胸口处。
★ 给宝宝洗澡、换尿布、喂奶的时候有意识地进行眼神互动、语言交流。

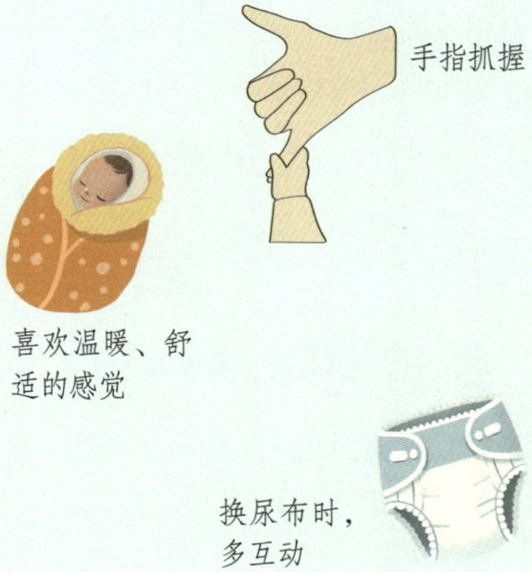

1 个月

★ 继续丰富感官刺激内容，比如，抚摸、对话、对视、看物等。
★ 宝宝的头部控制能力增强，爸爸可以让宝宝尝试俯卧抬头。
★ 引导宝宝看自己的小手。
★ 逗宝宝笑，给宝宝听声音。
★ 可以开始给宝宝做被动操。

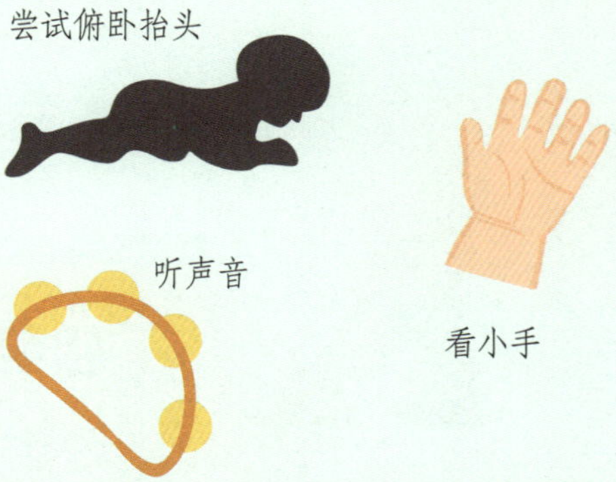

2 个月

★ 引导宝宝练习竖抱抬头。
★ 多给宝宝看黑白对比强烈的图片卡。
★ 协助宝宝够取、拍打、触摸眼前的玩具。
★ 和宝宝多说说话。
★ 引导宝宝感受丰富的学习内容，多看、多听、多触摸。

爸爸的运动小勇士

随着宝宝一天天长大，身体的各项机能也在逐渐增强。宝宝运动的发展是一个连续性、阶段性的过程，爸爸可以根据宝宝不同阶段动作发展的特点玩一些有针对性的早教游戏，促进宝宝大运动能力、精细动作能力、体能等能力的发展。

握持训练 精细动作

游戏目的：训练宝宝的手部握持能力，促进宝宝从被动握物发展到主动抓握，促进宝宝双手灵活性和协调性发展。

游戏方法：1. 爸爸将手洗干净。2. 将自己的拇指塞入宝宝手中，引导宝宝握住，并停留片刻。3. 也可以给宝宝按摩手指，刺激手指引起抓握反射。

铃铛你好 精细动作

游戏目的：促进宝宝双手的灵活性和手眼协调能力发展，培养抓握能力。

游戏方法：1. 爸爸在宝宝看得见的地方悬挂小铃铛或有响声的玩具，扶着宝宝小手去抓够或拍打。2. 爸爸将铃铛握在手中，慢慢地朝左右、上下移动。爸爸要保持动作平稳轻柔，引导宝宝在视觉上跟踪物体。3. 与宝宝保持眼神交流，同时用微笑、说话和发出欢快的声音等方式来吸引宝宝注意力，鼓励宝宝用目光跟随物体。铃铛也可以换成小动物玩偶、小灯笼等。

不倒翁 前庭觉

游戏目的：促进宝宝前庭觉发育，促进宝宝空间感和平衡感的发展。

游戏方法：1. 爸爸坐着，让宝宝的头枕在自己的左大臂上，托住宝宝颈部，左手经过腋下，轻放在宝宝的胸上，用右手托住宝宝的腰部和臀部。2. 爸爸的上半身左右缓慢摇摆。

俯卧抬头练习 大运动

游戏目的：训练宝宝抬头，发展颈部肌肉力量。

游戏方法：1. 让宝宝趴在床上，爸爸手里拿一个玩具放在距离宝宝头部上方 10 厘米处，一边叫宝宝的名字，一边晃动玩具。2. 爸爸还可以趴在宝宝的对面，在宝宝的正前方放一个玩具，爸爸一点一点将玩具移向自己，引导宝宝抬高脖子看爸爸手中的玩具。

快乐被动操 大运动

当宝宝哭闹或表现出不愿意玩时，应立即停止游戏，同时动作一定要轻柔和缓。

游戏目的：通过被动训练游戏，促进宝宝主动运动能力的发展，提升宝宝的体能。

游戏方法：1. 宝宝清醒时，爸爸将宝宝放在铺好垫子的床上，给宝宝做被动操。2. 扩胸运动：爸爸引导宝宝的双臂屈曲于胸前，将宝宝双臂打开，平伸在身体两侧；伸展运动：将宝宝的双手轻轻上举至头两侧，再将双手慢慢放下至身体两侧。3. 做完操后，爸爸可以用触觉球按摩宝宝的足底及手心，或者引导宝宝光脚接触床面，帮助宝宝发展主动运动。

爸爸的智慧小新星

对于 0~3 个月的宝宝来说，最重要的是吃饱、睡好，在此基础上，可以引导宝宝多玩、多听、多看，利用多感官刺激来促进宝宝的大脑发育。此时爸爸可以和宝宝玩一些提升视觉、听觉、触觉的游戏。

看图片 认知

游戏目的：刺激宝宝视觉神经的发育，锻炼视力。

游戏方法：1. 引导宝宝仰卧在床上，爸爸拿一张笑脸照片或黑白图片放在宝宝眼睛上方约 20 厘米处，轻声呼唤宝宝看图片。2. 待宝宝注视图片时，爸爸需要先让图片保持不动，然后从中线慢慢左右移动图片，引导宝宝追视，直到宝宝把视线移开，再换下一张图片，每次 1~2 分钟即可。

手帕不见了 认知

游戏目的：吸引宝宝注意力，开发宝宝智力，激发宝宝愉悦情绪。

游戏方法：1. 爸爸可以提前准备一块干净的手帕，用它将宝宝眼睛遮住。2. 遮住几秒钟后，爸爸再将手帕拿开，同时用愉快的语调和宝宝说："不见啦！"

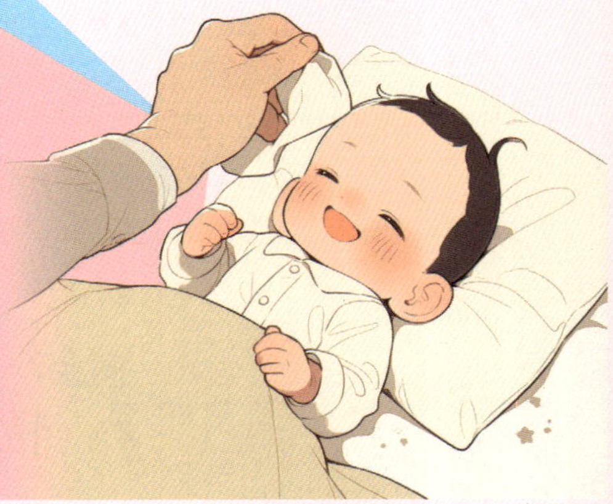

认爸爸的脸 认知

游戏目的：锻炼宝宝记忆力，增进亲子感情。

游戏方法：1. 爸爸用温和的语调对宝宝说"宝宝怎么了？爸爸在这呢"这样的话，并注意观察宝宝的反应。2. 爸爸可以用带响的玩具逗引宝宝，或者轻挠宝宝的肚皮，引导宝宝挥手蹬脚，甚至引导宝宝发出"咿咿呀呀"的声音。3. 爸爸的声音一定要温和、亲切，语调也要多一些变化，这会让宝宝的大脑变得更活跃。

爸爸的习惯小能手

父母都希望宝宝长大后具有良好的生活习惯、自理能力，形成良好的生活规律。这种培养可以从宝宝出生起就开始，并伴随宝宝的整个成长过程。在婴儿时期，爸爸就可以试着引导宝宝养成定时作息的习惯了。

睡前仪式感 生活自理

游戏目的： 帮助宝宝建立固定、规律的睡前程序，让宝宝更容易入睡，同时减轻父母的哄睡压力，为未来宝宝养成自主入睡习惯打下良好的基础。

游戏方法： 1. 爸爸可以为宝宝安排 1~3 项睡前活动，比如洗脸、洗脚、喂奶、听音乐、关灯等，引导宝宝意识到："睡觉时间到了，我们该睡觉了！" 2. 活动内容最好每天固定，活动完成之后尽量让宝宝处在安静的状态中，为入睡做准备。

睡眠不足会导致宝宝烦躁不安、食欲不振，甚至抵抗力下降。

养成独自入睡的好习惯 生活自理

游戏目的： 引导宝宝形成独自入睡的良好睡眠习惯。

游戏方法： 1. 在宝宝困倦但没有睡着的时候，爸爸可以把宝宝轻轻地单独放在婴儿床里，不宜摇睡、搂睡。2. 宝宝如果哭闹，爸爸可以先耐心等几分钟，再进房间在宝宝身边待 1~2 分钟后离开，重新等候。之后可以慢慢延长等候时间，引导宝宝养成独自入睡的好习惯。可以允许宝宝抱着安慰物入睡，可以是干净的毯子、质量过关的毛绒玩具等。

3~6 个月

满6个月 宝宝的发展里程碑

语言发展

宝宝开始牙牙学语，能理解手势。

进食与如厕

宝宝想大小便时，知道做出动作或发出声音来提示爸爸。宝宝可以尝试咀嚼半固体食物。

视觉、听觉与知觉发展

宝宝会观察大人的行动，开始认识物体。

大运动能力

宝宝可俯卧抬头 90°，也可以翻身、靠坐。

人际互动

宝宝已经对父母产生依恋，会通过身体语言和面部表情，明确告诉大人自己已经能够分辨熟人与陌生人了。

精细动作

宝宝小手开始发展精细动作，比如，两手各拿一个玩具，并能拿稳。

3~6个月宝宝的早教要点

3 个月

- ★ 让宝宝趴在床上，练习抬起头部和上半身。
- ★ 给宝宝玩方便抓握的玩具，要控制好抓握时间，尽量不超过 1 分钟。
- ★ 多和宝宝对话，引导宝宝“咿咿呀呀”地回应。
- ★ 给宝宝看彩色卡片。
- ★ 多给宝宝听音乐，尤其是古典音乐。

头可以抬45°

看彩色卡片

抓握玩具

4 个月

- ★ 逗引宝宝翻身。
- ★ 宝宝趴在床上的时候，爸爸可以说话或用玩具引导宝宝寻找。
- ★ 给宝宝看镜子，认识自己。
- ★ 多用夸张的表情、嘴形跟宝宝说话。
- ★ 多玩挠痒痒游戏。
- ★ 多引导宝宝练习追视。

镜子

会滚动的玩具

学翻身

5 个月

- ★ 鼓励宝宝练习翻身和靠坐。
- ★ 放慢动作，宝宝喜欢观察、模仿爸爸。
- ★ 注意时刻关注宝宝，宝宝开始喜欢把东西往嘴里放。
- ★ 用摇铃的声音吸引宝宝寻找声源。
- ★ 经常给宝宝念儿歌、唱儿歌。
- ★ 引导宝宝多看颜色鲜艳的物品。
- ★ 给宝宝触摸不同质感的东西。

可移动的玩具

摇铃

靠坐

爸爸的运动小勇士

相比较前 3 个月，此时宝宝在亲子互动中可以做出更好的回应了，爸爸和宝宝玩的时候，宝宝会笑得特别开心，更愿意参与互动。以下这些亲子游戏非常适合爸爸和宝宝一起玩，而且对于宝宝各项身体机能及大运动的发展能起到促进作用。

抓握小鼓 精细动作

游戏目的： 引导宝宝练习触摸动作，促进和提高抓握能力。

游戏方法： **1.** 手的被动抓握：爸爸可以经常抚摸宝宝的双手，刺激宝宝产生抓握反射。**2.** 爸爸将小小的拨浪鼓手柄放入宝宝手心，握住宝宝的手，帮宝宝维持握紧的动作，并晃动发出声音。

可以选择颜色鲜艳的拨浪鼓，宝宝更喜欢玩。

拉力大挑战 精细动作

游戏目的：训练宝宝的抓握能力和手部力量。

游戏方法：1. 爸爸让宝宝仰躺在床上。2. 拿出两条颜色鲜艳便于抓握的绳子，在宝宝眼前左右晃动。3. 引导宝宝抓住后，轻轻扯动绳子。

毛巾被慢慢走 前庭觉

游戏目的：促进宝宝前庭觉的发育，提升方向感和平衡感。

游戏方法：1. 准备柔软的毛巾被，让宝宝仰卧在毛巾被上。2. 爸爸坐在爬行垫上拖动毛巾被左右移动，锻炼宝宝的腰腹力量和平衡感。

小脚丫碰到脸 精细动作

游戏目的：训练宝宝的平衡力和手眼协调能力。

游戏方法：1. 将宝宝的小脚洗干净，采取仰卧位。2. 引导宝宝双手抓住脚碰到脸。3. 这个阶段的宝宝并不是都可以将小脚碰到脸，如果宝宝做不到，不要强行拉拽，建议给宝宝进行手脚中线位置的被动活动，或训练宝宝抓住自己的脚即可。

卧趴锻炼 大运动

游戏目的：锻炼宝宝背部力量，为以后翻身、坐立和爬行做准备。

游戏方法：1. 爸爸引导宝宝面部朝下，俯卧趴在相对坚硬的床面或垫子上，持续 1 分钟。2. 爸爸仰躺于床上，把宝宝放在胸前，和宝宝说说话，引导宝宝抬头看爸爸的脸。

竖抱抬头练习 大运动

游戏目的：训练宝宝抬头，扩大视野范围，训练颈部肌肉力量。

游戏方法：1. 竖抱宝宝，引导宝宝将头靠在爸爸的肩膀上。2. 抱稳宝宝，手部稍稍离开宝宝头部，让宝宝的头部直立片刻。

踩出声音来 大运动

游戏目的：促进宝宝的大运动能力发育，刺激神经系统的发育。

游戏方法：1. 爸爸让宝宝平躺在床上。2. 在宝宝脚下放一些能发出声音的玩具，比如沙锤、摇铃、婴儿脚踩琴等，引导宝宝踢腿碰到玩具发出声音。

助宝宝翻身 大运动

游戏目的：促进宝宝两侧肌肉的发展，加强颈肌、背肌的力量，发展四肢协调能力。

游戏方法：1. 让宝宝仰卧或俯卧在毛毯上，爸爸轻轻地在左右方向上推动宝宝摇摆，注意保持平衡。2. 让宝宝呈俯卧姿势，爸爸一只手帮助宝宝收起翻转方向的胳膊，大腿抵住宝宝的小脚使宝宝屈腿，推动宝宝小脚，帮助宝宝由俯卧翻至仰卧。

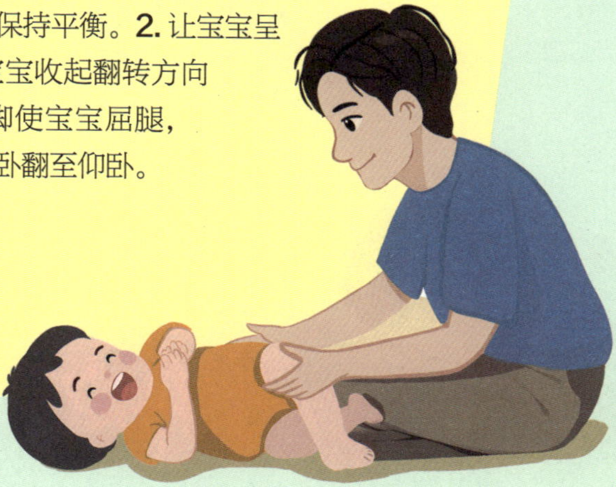

翻身大作战 大运动

游戏目的：帮助宝宝学会翻身和打滚，促进宝宝大运动的发展。

游戏方法：1. 爸爸让宝宝侧躺，胳膊放平，用手轻轻推动宝宝屁股，完成翻身动作。2. 爸爸让宝宝平躺，一只手轻轻握住宝宝左腿，另一只手轻轻在背后向右推，帮宝宝完成翻身动作。3. 爸爸让宝宝平躺，将宝宝右腿放在左腿上，爸爸在宝宝的一侧放一个玩具，逗引宝宝翻身去取。

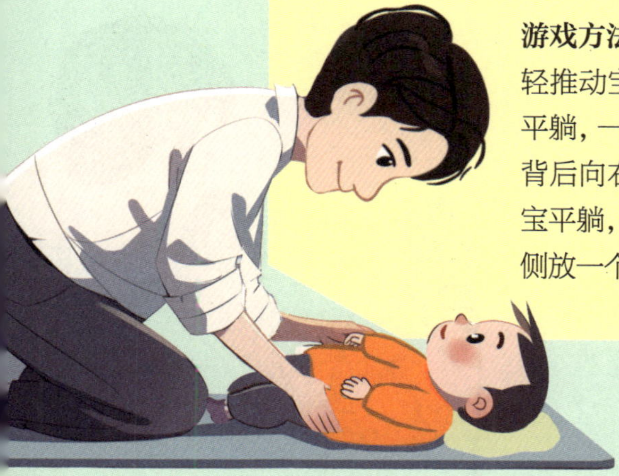

爸爸的智慧小新星

3~6 个月是宝宝多个敏感期发展的关键阶段。宝宝的视力和听力在这个阶段逐渐发育，宝宝开始对鲜艳的颜色、对比强烈的图案和声音产生兴趣；开始牙牙学语，也开始用嘴巴来探索世界。

小虫歌 语言启蒙

游戏目的： 增强宝宝的语言刺激和触觉感知力，同时促进亲子关系的发展。

游戏方法： 1. 让宝宝舒服地躺在床上，爸爸一边用手指触摸宝宝，一边念儿歌：

有条小虫虫，爬上你的腿（食指和中指交替触摸宝宝的腿），

爬上你的腿，爬上你的腿（同上），

有条小虫虫，爬上你的腿（同上），

要咬你的肚皮咬你的嘴（拇指和食指轻轻地夹一下宝宝的肚皮和嘴）。

2. 还可以把肚皮和嘴换成脚趾、耳朵、鼻子等，增加不同部位的触觉练习。3. 游戏时可以配上节奏鲜明、欢快的乐曲，提高宝宝的游戏兴趣。

你好，认识我自己 自我意识

游戏目的： 培养宝宝自我意识，促使宝宝更早认识自己、认识五官。

游戏方法： 1. 准备一面镜子，爸爸从身后抱住宝宝，让镜子里出现宝宝的脸。2. 爸爸一一将宝宝的眼睛、鼻子、嘴巴、耳朵指给宝宝，一边指一边告诉宝宝“这是鼻子”“这是耳朵”…… 可以多练习几次。

爸爸可以着正装，让宝宝第一次认识自己的过程更有仪式感。

爸爸的习惯小能手

在 3~6 个月这个阶段，宝宝开始逐渐形成自己的意识和行为模式，因此是培养作息、卫生、探索等好习惯的关键时期。爸爸通过游戏的方式参与进来，可以让宝宝获得更丰富的情感体验、更强的独立性和自信心，以及形成好的行为习惯。

爸爸唱摇篮曲 生活自理

游戏目的： 培养宝宝自主入睡的能力，促进宝宝的语言发展，增强亲子间的互动交流。

游戏方法： 1. 在宝宝睡觉前，爸爸选择一些简单、温馨、有节奏感的歌曲讲给宝宝听，注意语速要慢，语调要抑扬顿挫，以吸引宝宝的注意力。2. 唱摇篮曲的同时，爸爸可以用手抚摸宝宝的身体，给宝宝温暖和安全感。3. 记住这只是哄睡的办法，如果宝宝哭闹不想听，可以在宝宝开心的时候再唱摇篮曲。

练习咀嚼 自主进食

游戏目的： 为将来培养宝宝自主进食习惯打好基础。

游戏方法： 1. 爸爸在用奶瓶给宝宝喝奶的时候，要在宝宝面前夸张地表现出咀嚼的动作，让宝宝在喝奶的时候也能练习咀嚼。2. 对于咀嚼情况出现比较早的宝宝，爸爸可以用比较浓稠的婴儿米粉，少量、多次地喂宝宝，让宝宝锻炼咀嚼能力。

6~9 个月

满9个月 宝宝的发展里程碑

语言发展

宝宝会发出“baba”“mama”等语音，会改变声音的高低强弱，发音由无意识开始向有意识的称呼转变。宝宝对简单的语言指令有反应。

进食与如厕

宝宝基本可以捧着鸭嘴杯喝水，知道发出声音或做动作表示自己要大小便。

认知能力

宝宝能够懂得并将常见物品与名称匹配起来，建立物体恒存概念之后，能够意识到藏起来的东西并未消失。

大运动能力

宝宝可双手扶物站立，可以独坐。

人际互动

爸爸叫宝宝的名字，宝宝开始有反应。当爸爸、妈妈离开或者回家的时候，宝宝会表现出伤心、高兴等情绪，同时容易出现分离焦虑。

精细动作能力

宝宝可以活动手指，会两手分别抓东西，可出现换手、捏、敲等探索性动作，也可以用拇指和食指拾物。

6~9个月宝宝的早教要点

6 个月

★ 多做有声音、有动作的游戏。

★ 锻炼宝宝坐在爸爸身上玩。

★ 训练宝宝发展精细动作，比如抓握等。

★ 可以给宝宝看颜色鲜艳的玩具、听轻柔的音乐。

★ 给宝宝不同质地、形状的玩具刺激触觉发展。

颜色鲜艳的玩具

球铃

独坐

7 个月

★ 在分别时和宝宝玩“挥手再见”游戏。

★ 扶着宝宝前臂，锻炼宝宝站立的能力。

★ 引导宝宝抓握玩具、敲打玩具等。

★ 多引导宝宝玩捉迷藏、拍手等游戏。

★ 给宝宝看布书、发声书等。

★ 和宝宝多交流，语速适中，让宝宝听到更多的词汇，刺激宝宝语言能力发展。

颜色鲜艳的玩具

发声书

拍手

8 个月

★ 锻炼宝宝自己坐的能力。

★ 训练宝宝用胳膊和腿匍匐前进。

★ 引导宝宝双向翻身，在爸爸支撑下用腿弹跳。

★ 引导宝宝借助爸爸的身体支撑站起来。

★ 引导宝宝用拇指和食指捡起小东西。

★ 引导宝宝用手、嘴和手指探索物体，通过敲打、摇晃和扔玩具来帮助宝宝观察因果关系。

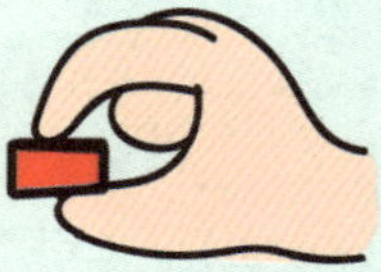

捡起小东西

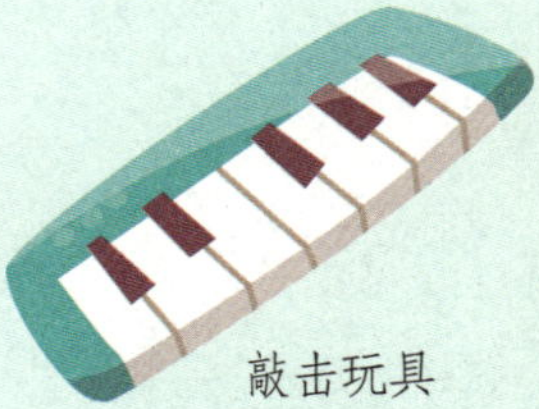

敲击玩具

用胳膊和腿匍匐前进

爸爸的运动小勇士

随着力量和协调能力的发展，宝宝的大运动能力、体能等方面进步明显，但是身体仍然很娇弱，爸爸与宝宝玩游戏时需要优先考虑宝宝的安全和健康，清除潜在的危险，比如尖锐物体、存在窒息危险的物体和不稳定的家具，游戏时要轻柔而有控制地运动，避免宝宝受伤。

追逐光影 精细动作

游戏目的： 刺激宝宝的视觉发展，同时也可以锻炼宝宝的视觉追踪能力。

游戏方法： **1.** 在宝宝睡醒不饿的时候，让宝宝平躺在小床上。**2.** 爸爸用一个彩色的小台灯或者用小台灯投影出有趣的图案，引导宝宝的眼睛追逐灯光移动，同时引导宝宝伸手去抓握影子。**3.** 时间不宜太久，1~2 分钟即可。

注意一定要选择灯光柔和的灯，这样才能不刺激宝宝的眼睛。

手指寻宝 精细动作

游戏目的： 训练宝宝用拇指和食指捡起小东西，提高宝宝的精细动作能力和手指灵活性。

游戏方法： 1. 爸爸演示用拇指和食指捡起其中一个积木块，鼓励宝宝伸手触摸。2. 将积木块放在宝宝够得着的地方，鼓励宝宝用拇指和食指取回积木块。3. 重复这个过程，为宝宝提供不同的玩具，并逐渐放置在稍远的位置。

旋转木马 前庭觉

游戏目的： 刺激宝宝的平衡感和空间感知能力的发展。

游戏方法： 1. 爸爸抱着宝宝旋转一圈，然后慢慢停下来。2. 如果宝宝开心地嘎嘎笑，爸爸可以抱着宝宝继续再转一圈，然后停下来。

萝卜蹲 前庭觉

游戏目的： 训练宝宝颈部灵活性，促进前庭觉发育。

游戏方法： 1. 爸爸呈站立姿势，双腿叉开与肩同宽，脚尖稍稍向外。2. 爸爸一只手从宝宝腋下穿过抱住宝宝，另一只手托住宝宝屁股保持稳定，宝宝面朝爸爸。3. 爸爸缓缓下蹲，重心下移，保持腰背挺直，然后爸爸缓缓站立起来，同时保持身体平衡。

拉起毯子拿玩具 大运动

游戏目的：锻炼宝宝的腰腹肌肉力量与协调性。

游戏方法：1. 让宝宝坐在毯子的一端，爸爸用靠垫护住宝宝的腰。2. 用柔和的语言引导宝宝注意毯子上的玩具，并鼓励宝宝用双手抓住毯子，爸爸慢慢拉起毯子，使玩具逐渐靠近宝宝。3. 当玩具滚到宝宝身边时，引导宝宝坐直身体，用双手将玩具拿起来。

应在宝宝学会抬头后再尝试，如果宝宝不适要立即停止游戏。

摇啊摇 大运动

游戏目的：锻炼宝宝腰肌及上臂力量，引导宝宝慢慢学会"坐"。

游戏方法：1. 让宝宝靠卧在枕头上，爸爸面向宝宝坐好，双手握住宝宝的腋下，使宝宝由仰卧变成坐位，再轻轻放宝宝，使宝宝由坐位变成仰卧。2. 爸爸在前后"摇"宝宝时，应注意动作要轻柔，用力适度。3. 在做游戏时，爸爸可配上固定的儿歌：

爸爸拉车，妈妈坐；
妈妈拉车，宝宝坐；
宝宝拉车，小狗坐。

大力士吊车 大运动

游戏目的：帮助宝宝增加腹肌与背肌力量。

游戏方法：1. 宝宝俯卧在床上，爸爸用长毛巾穿过宝宝下方，确保包裹住胸腹和屁股。2. 爸爸抓住长毛巾两端，让宝宝离开床面，注意让宝宝的双手和膝盖挨着床面，胸部稍高于臀部。3. 爸爸抓毛巾时要注意用力均匀，帮助宝宝慢慢向前爬动。

大球趴趴 大运动

游戏目的：促进宝宝大运动、前庭觉发育，增加宝宝对身体重力的感知。

游戏方法：1. 爸爸把宝宝放在大球（如瑜伽球）上俯趴，扶住宝宝整个背部，带动宝宝在大球上前后、左右移动以及画圈转动。2. 整个过程一定要注意安全，动作要轻柔、缓慢，幅度要小。

和爸爸一起爬爬 大运动

游戏目的：提升宝宝的爬行能力，增加爸爸与宝宝之间的互动。

游戏方法：1. 爸爸先躺在地上，让宝宝面对面趴在爸爸的身上，然后爸爸手把手带宝宝一起模拟爬行。2. 让宝宝趴在地上，在宝宝前面摆放宝宝喜欢的物品，引导宝宝学爬，这个阶段的宝宝可能会借助手和脚的力量匍匐前行，爸爸要在旁边协助宝宝。

爸爸的智慧小新星

这个阶段的宝宝语言能力和交流能力迅速增强，能够将熟悉的物品图片和物品本身联系起来，发出的声音更多了，而且有了节奏和语调。

“a”“o”歌 语言启蒙

游戏目的： 提高宝宝对发音的兴趣。

游戏方法： 1. 爸爸对宝宝说：“a”。2. 接着对宝宝说：“o”。3. 爸爸唱“a”“o”歌：

小宝宝，学唱歌，快快跟我学 a o。

宝宝张嘴 a a a，公鸡打鸣 o o o。

举高高 空间感知

游戏目的： 通过视野的变化，锻炼宝宝的空间感知能力，启发宝宝从不同角度观察事物。

游戏方法： 1. 爸爸双手握紧宝宝的腋下。2. 一边说“举高高”，一边将宝宝高举过自己的头顶，停留一会儿，对宝宝说：“宝宝看到了什么？你可真棒，比爸爸还高！”3. 然后一边说“放下来”，一边慢慢将宝宝抱回爸爸的怀里。

猜猜在哪里 专注力

游戏目的： 培养宝宝爱思考的习惯，训练记忆力和专注力。

游戏方法： 1. 爸爸与宝宝一起坐在爬行垫上，准备两个纸杯、一个宝宝喜欢的小玩具。2. 将玩具扣在其中一个纸杯下，变换两个纸杯位置，引导宝宝找到藏有玩具的纸杯。

爸爸的习惯小能手

在 6~9 个月这个阶段，宝宝已经形成了较为良好的生活规律。爸爸与宝宝面对面互动、眼神交流，爸爸微笑回应宝宝，爸爸的抚触等都可以促进宝宝好习惯的建立和巩固。

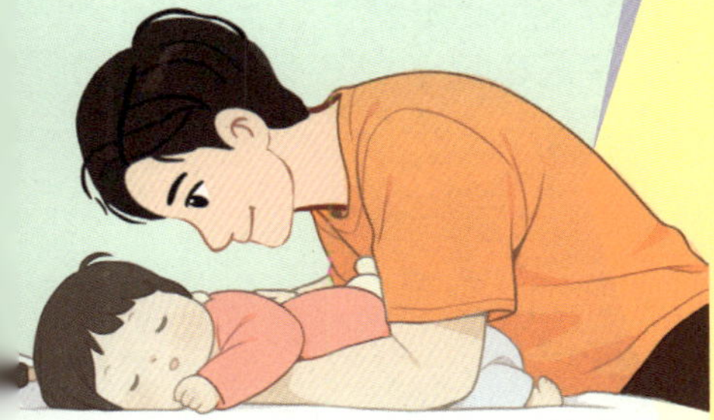

睡觉好宝宝 生活自理

游戏目的：有节奏的轻拍可以让宝宝感到安全舒适，帮助宝宝放松。

游戏方法：1. 爸爸轻轻拍打宝宝的背部或臀部，同时将宝宝抱在舒适的位置（摇篮或肩膀）。2. 可以轻声哼唱或唱摇篮曲给宝宝听。3. 引导宝宝的手触摸自己的脸、手或脚，这有助于宝宝探索自己的身体，发现自我安抚的舒缓感。

你说我做 社交

游戏目的：引导宝宝根据爸爸的指令做出相应的动作，培养宝宝的社交能力和沟通能力。

游戏方法：1. 爸爸说出一些简单的指令，并示范动作，鼓励宝宝模仿爸爸。2. 爸爸说“拍拍手”，同时做拍手的动作，爸爸说“摸摸鼻子”，同时做摸鼻子的动作。3. 爸爸说“拿来苹果”，同时做把苹果拿来的动作，爸爸说“拿起玩具”，同时做将玩具拿起的动作。

打招呼 社交

游戏目的：促进宝宝模仿、社交参与和面部识别能力的提升。

游戏方法：1. 爸爸可以用灿烂的笑容迎接宝宝，挥手打招呼。鼓励宝宝模仿爸爸，微笑和挥手。2. 爸爸可以进一步向宝宝张开的手掌击掌或轻轻碰拳。

9~12 个月

满12个月 宝宝的发展里程碑

语言发展

宝宝能有意识地叫“爸爸”和“妈妈”。当用语言询问时，宝宝能够听懂并交出手中的物品。宝宝开始发出更多的声音和词汇，并尝试与爸爸交流。

生活自理能力

宝宝大小便时，能主动提醒爸爸帮忙完成如厕。

认知能力

宝宝自我意识增强，能够区分自我和他人。宝宝对周围环境更加熟悉，当听到熟悉的物品名称时，会环顾四周寻找。

大运动能力

宝宝能够自己站起、坐下，并开始尝试独立站立一小会儿。有的宝宝开始尝试迈出人生第一步。

社交行为能力

宝宝喜欢与爸爸一起玩游戏，会摇头表示不同意。

精细动作能力

宝宝可以模仿爸爸的动作，比如拿笔并做出写字的动作。宝宝能够用勺子在碗里搅动食物，喜欢撕纸玩。

9~12个月宝宝的早教要点

9 个月

★ 引导宝宝在爸爸的支撑下走动。

★ 锻炼宝宝的爬行能力。

★ 放慢说话语速，重复宝宝发出的语音。

★ 引导宝宝认识身边的人和物品的名字、名称。

★ 给宝宝喂辅食。

★ 多使用短句和宝宝交流，观察宝宝的反应并大量重复短句。

多块积木

图画书

喂辅食

10 个月

★ 引导宝宝练习按压、拿取一些小玩具。

★ 引导宝宝独立坐几分钟，同时用手抓玩具玩。

★ 尝试让宝宝扶着栏杆开始站立。

★ 喊宝宝名字，引导宝宝做递东西等动作。

★ 用较慢的语速与宝宝说话，引导宝宝回应。

★ 多使用拟声词和宝宝说话。比如东西掉落说“吧嗒”等。

弹出式玩具

语言游戏

换手

11 个月

★ 让宝宝多练习完成简单指令，比如“抱抱”等。

★ 让宝宝多使用肢体语言表达。

★ 可以尝试训练宝宝无支撑站立。

★ 可以让宝宝尝试自己拿杯子喝水。

★ 可以让宝宝尝试推着小推车走几步。

★ 可以玩一些类似“举高高”的游戏，爸爸可以坐着或站着抱宝宝玩，促进宝宝前庭觉发育。

喝水

小推车

站立

爸爸的运动小勇士

随着力量和协调能力的提升，宝宝已经具备了坐立和爬行的能力，但由于身体仍然非常娇嫩，爸爸要充分考虑宝宝的能力发展水平，鼓励宝宝尝试新动作，同时注意避免强迫宝宝完成某些动作。

踩豆豆 大运动

游戏目的： 刺激宝宝足底触觉感知，促进宝宝触觉发育，提升腿部肌肉力量。

游戏方法： 1. 准备一个洗脚盆，放一斤红豆在里面。2. 抱稳宝宝上半身，让宝宝光脚在豆子中上下踩动，感知豆子。3. 红豆也可以换成黄豆、绿豆、黑豆、芸豆或小米等。

不要让宝宝误食豆子，也不要让宝宝将豆子放进鼻子里面。

隔空取物 精细动作

游戏目的： 提高宝宝手指精细动作能力，培养宝宝解决问题的能力。

游戏方法： 1. 爸爸准备一个大小适中的盆子，在里面放一些小玩具，再用保鲜膜把盆封起来。2. 让宝宝坐在爬行垫上，引导宝宝戳坏保鲜膜，把玩具取出来。

快乐探索毯 大运动

游戏目的：提高宝宝爬行能力，促进肢体协调。

游戏方法：1. 把毯子（或床单）铺在爬行垫上，将软玩具或填充玩偶放在毯子（或床单）下面的不同位置，让宝宝只能看到大致形状。2. 游戏正式开始时说："嘘！玩具去哪儿了？"爸爸提起毯子（或床单）的一角，露出其中一个玩具，说："就在那里！"鼓励宝宝向露出的玩具爬行，探索宝藏。3. 爸爸也可以改变隐藏点，用不同的玩具来保持游戏的吸引力和趣味性。

滚滚球 精细动作

游戏目的：提高宝宝的手眼协调和精细动作能力，促进宝宝的视觉和运动发展。

游戏方法：1. 在爬行垫上，爸爸和宝宝间隔一小段距离相对而坐。2. 爸爸向宝宝轻轻滚动一个软球，在宝宝身边停止，鼓励宝宝伸手触摸球，感受球的触感和形状。如果宝宝抓不住球，爸爸可以轻轻地握住宝宝的手，做出示范，重复这个过程。3. 逐渐增加爸爸和宝宝之间的距离，爸爸也可以逐渐改变球的速度和方向，增加游戏趣味性。

爸爸的力气大，注意一定要控制好力道，轻轻滚动软球，以防砸到宝宝。

解救玩具 精细动作

游戏目的：提高宝宝的手眼协调性和精细动作能力，促进宝宝的视觉和运动的发展。

游戏方法：1. 爸爸用美纹胶带或透明胶带把小玩具粘贴在墙上或婴儿床栏上。**2.** 告诉宝宝玩具被困住了，需要解救，引导宝宝撕掉胶带取下玩具。

纸箱探险 大运动

游戏目的：锻炼宝宝的爬行能力和手眼协调能力。

游戏方法：1. 准备一个大纸箱，拆开两侧，形成可以供宝宝爬行的中空状，在里面放置 3 个宝宝喜欢的小玩具。**2.** 把宝宝放在纸箱的一端，爸爸在另一端慢慢引导，鼓励宝宝向前爬行。**3.** 当宝宝找到玩具时，爸爸及时给予鼓励。

采蘑菇，踩蘑菇 大运动

游戏目的：加强宝宝坐立和站立技能，增强控制肌肉的力量。

游戏方法：1. 宝宝在爸爸的帮助下坐直，如果有必要，可用枕头或垫子，以提供支撑保持稳定性。将玩具或物体放在宝宝够不到的地方，鼓励宝宝身体向前倾斜并伸手去拿，以引起宝宝的兴趣。**2.** 爸爸可以用有趣的手势、声音或滑稽的表情来吸引宝宝参与游戏。**3.** 爸爸可以轻轻地将宝宝扶站起来，握住手或腋下以保持稳定，鼓励宝宝在爸爸的帮助下用脚踩玩具。

大王花 前庭觉

游戏目的： 锻炼宝宝的前庭觉，训练宝宝的平衡能力和反应能力。

游戏方法： 1. 让宝宝趴在爬行垫上，爸爸用被单裹住自己的身体看向宝宝。2. 爸爸突然张开被单，把宝宝裹住，说道："吃掉你啦！"。3. 游戏开始时爸爸的声音一定要尽量温和、亲切，让宝宝有适应的过程。

坐飞机 前庭觉

游戏目的： 刺激前庭觉，增进宝宝对摇摆和平衡的感知。

游戏方法： 1. 让宝宝坐在盆子里，爸爸双手抓住盆子的两侧并保持站立姿势。2. 爸爸来回轻轻移动盆子，让宝宝感受摇摆的感觉。

撕完的纸记得收拾好，扔进垃圾桶，否则妈妈会生爸爸的气哦！

撕撕纸 精细动作

游戏目的： 锻炼宝宝的手指灵活度，提高宝宝的双手配合能力。

游戏方法： 1. 准备餐巾纸或皱纹纸等颜色鲜艳且质地柔软的纸张，爸爸在宝宝面前示范撕纸的动作。2. 爸爸将纸撕出一个小口，然后引导宝宝沿着小口撕下去。3. 等宝宝比较熟悉撕纸的动作之后，再引导宝宝独立撕开完整的纸。

爸爸的智慧小新星

在 9~12 个月这个阶段，宝宝的注意力发育有了重大进步。爸爸要深入了解宝宝的能力和需求，以便更好地引导和培养宝宝的思维能力和逻辑能力。

抽丝剥茧 专注力

游戏目的： 培养宝宝的探索欲和分析问题、解决问题的能力。

游戏方法： 1. 爸爸将铃铛或能发出声音的小玩具用卫生纸包裹几层，完全盖住。2. 摇一摇，引导宝宝仔细认真地听一听声音，把玩具交给宝宝。3. 引导宝宝将纸一层一层剥开，拿到玩具。

什么声音 感知能力

游戏目的： 训练宝宝判断声音的能力，培养观察生活、体验生活的能力。

游戏方法： 1. 让宝宝仰躺在床上，爸爸站在宝宝面前。2. 爸爸念右侧儿歌，说到“喇叭”时，双手放在嘴前，五指晃动；说到“小鼓”时，伸出食指做敲鼓动作。

叭叭叭，什么声音？
我家宝宝在吹喇叭。
咚咚咚，什么声音？
我家宝宝在敲小鼓。

追光者 感知能力

游戏目的： 发展宝宝的视觉追踪技能，锻炼大脑反应能力，同时认识光影现象。

游戏方法： 1. 爸爸调暗灯光或创造一个黑暗的环境，将手电筒照射在爸爸的手上，在墙壁上产生阴影。2. 慢慢移动手电筒，引导宝宝跟踪光影的运动。3. 鼓励宝宝扮演追光者，伸出手去触摸被灯光照亮的地方。

爸爸的习惯小能手

宝宝开始希望自己能够做出一些决定和选择，因此，爸爸可以给予宝宝自主权，让宝宝逐渐自己做决定，比如在玩具选择、自主进食等方面。这样可以帮助宝宝逐渐建立起自主性和独立思考的能力。

手指食物 生活自理

游戏目的：培养宝宝独立吃饭的能力，锻炼咀嚼能力。

游戏方法：1. 选取蒸的比较软烂的胡萝卜块，放在碗中，将宝宝双手清洗干净。2. 爸爸引导宝宝抓握食物，并把食物送入嘴里。

家务小能手 劳动习惯

游戏目的：培养宝宝动手能力，鼓励宝宝帮助爸爸做家务。

游戏方法：1. 准备一颗圆白菜，清洗干净。2. 爸爸将圆白菜交给宝宝，引导宝宝将圆白菜撕开。

第三章

1~2 岁，蹒跚学步玩起来！

1~2 岁，是宝宝蹒跚学步的阶段。这个阶段的宝宝，对周围的世界充满了好奇，需要更多的关注和陪伴，而爸爸的陪伴和引导尤为重要。爸爸们，你们是否感到在与宝宝互动时有些不知该做什么？

别担心，本章将为爸爸提供一系列简单且有趣的早教游戏，与宝宝共享快乐时光。通过这些游戏，不仅可以促进宝宝的认知、语言和运动的发展，更能加深亲子之间的情感纽带。爸爸只需每天抽出几分钟，用陪伴和关爱，就能见证宝宝的成长与蜕变。

12~15 个月

满15个月 宝宝的发展里程碑

语言发展

宝宝会用简单的肢体语言，会说叠字词语或简单词语，发音时有语调变化，能表达不同的情感需求。

生活自理能力

宝宝开始尝试自己吃饭，尽管可能还需要爸爸辅助。宝宝开始表现出独立性，可以自己玩耍。

自我意识

宝宝自我意识增强，宝宝开始认识自己的身体部位（眼、耳、口、鼻等）。宝宝开始理解并听从简单的指示，比如“坐下”“喝水”等。宝宝开始对图画书感兴趣。

大运动能力

宝宝能够自己坐下、蹲下、行走。宝宝可以拉着爸爸的手上下楼梯。

人际互动

宝宝开始理解并使用一些基本的日常用语和指令。宝宝喜欢与人交流，与爸爸进行互动。

精细动作能力

宝宝能够抓取小物品，比如积木，并进行简单的堆叠。宝宝能够完成一些小任务，比如倒出瓶里的东西、拧瓶盖等。

12~15个月宝宝的早教要点

12 个月

★ 尝试牵着宝宝一只手学走路。

★ 引导宝宝用适合的勺子在碗里搅动。

★ 鼓励宝宝跟着音乐“唱歌”。

★ 多与宝宝说话，重复“爸爸”“妈妈”等宝宝熟悉的人或物品的名字、名称。

★ 和宝宝多进行拟声词互动，比如告诉宝宝洗澡声“哗啦啦”，小鸟叫声“叽叽喳喳”等。

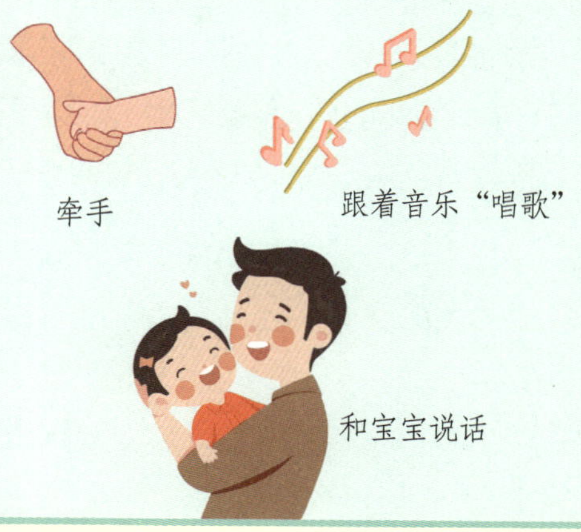

13 个月

★ 带着宝宝读书，尝试让宝宝翻页。

★ 缓慢、大声地对宝宝说话。

★ 对宝宝想表达的意思作出回应，但不要强迫宝宝说话。

★ 这个时候宝宝喜欢玩模仿游戏，爸爸可以在宝宝面前做打电话、唱歌等活动，吸引宝宝模仿。

★ 引导宝宝随意涂鸦。

14 个月

★ 让宝宝爬较矮的楼梯。

★ 锻炼宝宝的走路稳定性。

★ 做出简单指令，比如“宝宝站起来”，引导宝宝执行。

★ 教宝宝玩拧杯盖等利于精细动作发展的游戏。

★ 引导宝宝多指认身体部位，并与名称对应。

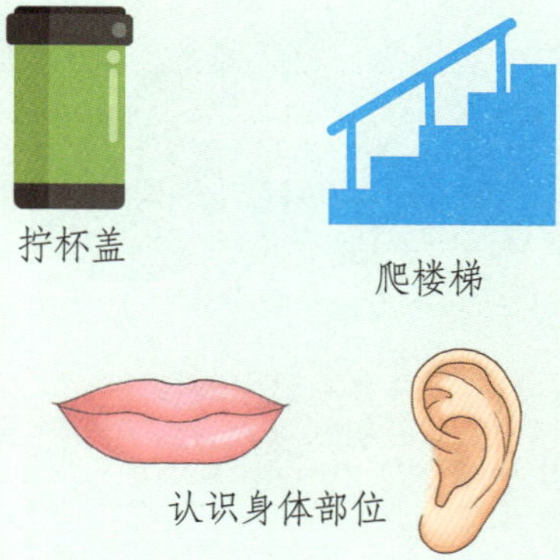

爸爸的运动小勇士

步入 12~15 个月这个阶段，宝宝体能和运动技能又迈向了一个新的阶段。现在，宝宝不仅坐得更稳，还会站起来，甚至已经迈出第一步，这种进步让宝宝对周围的世界更加好奇，探索欲望也愈发强烈。爸爸要为宝宝创造一个安全的环境，让宝宝自由地探索。

小手脱险 精细动作

游戏目的：锻炼宝宝手指的灵活性和协调性。

游戏方法：1. 爸爸将小袜子或儿童手链轻轻套在宝宝的手上或手腕上，确保不勒得太紧，以免宝宝感到不适。**2.** 引导宝宝观察手上的小袜子或手链，鼓励宝宝尝试用自己的小手去触碰、感受和摘下它。

袜子一定要选择洗干净的哦，不然细菌、病毒等可能会进入呼吸道，增加宝宝的患病风险。

上上下下的脸 精细动作

游戏目的：提高宝宝的空间感知能力，促进宝宝手眼协调能力发展。

游戏方法：1. 爸爸坐在床上或爬行垫上，两腿伸直，扶住宝宝的腋下，引导宝宝站在自己的膝盖上。2. 爸爸屈膝时，宝宝会上升；放平膝盖时，宝宝会下降。爸爸一边做一边说："爸爸的脸在下面，爸爸的脸在上面。" 3. 反复几次，引导宝宝从不同角度观察爸爸的脸，并用手触摸。

杯盖转转乐 精细动作

游戏目的：促进宝宝空间知觉的发展和手眼协调能力的提高。

游戏方法：1. 爸爸拿一个带盖的水杯放在宝宝面前，示范打开盖、再合上盖的动作。2. 宝宝练习只用大拇指与食指将杯盖掀起，再盖上。3. 反复练习，如果宝宝做对了要及时称赞宝宝。4. 准备更多能拧紧的、不同型号的杯子和盖子，和宝宝玩。

穿越小纸筒 精细动作

游戏目的：提升宝宝的抓握能力，同时锻炼手眼协调性。

游戏方法：1. 爸爸准备一个卫生纸的中间纸筒，和一个能穿过纸筒的宝宝玩具，比如小块积木、弹力球。2. 引导宝宝自己将玩具穿过纸筒，并捡起玩具，可以重复多玩几次。

蹦蹦跳跳 大运动

游戏目的： 锻炼宝宝下肢力量，提升体能。

游戏方法： 1. 爸爸扶着宝宝腋下，引导宝宝站在爸爸腿上。2. 爸爸双手用力，引导宝宝做一蹦一跳的动作，随着宝宝蹦跳，爸爸可以说："蹦，蹦，跳！"

按照路线爬一爬 大运动

游戏目的： 提高宝宝的身体灵活性。

游戏方法： 1. 拉一根约 2 米的彩色绳子在地面上。2. 爸爸引导宝宝沿着绳子的路线向前爬。

爬行障碍 大运动

游戏目的： 增强宝宝肢体的协调性。

游戏方法： 1. 爸爸在客厅等宽敞的地方用被子、厚垫子、玩具等设置障碍。2. 先将宝宝放置在地垫的一端，通过玩具的逗引，引导宝宝越过障碍进行爬行练习，再慢慢提高爬行难度，比如避开障碍或拿着玩具爬行。

同手同脚去探险 大运动

游戏目的：锻炼宝宝的下肢力量，还可以提高合作能力。

游戏方法：1. 宝宝赤脚站在爸爸的脚背上，两人面对面站立，爸爸用双手握住宝宝的双手，确保宝宝的安全。2. 爸爸和宝宝一起向前走，可以根据宝宝的反应和喜好逐渐加快脚步的速度，引导宝宝感受平衡的变化。3. 爸爸也可以尝试增加难度，比如走斜坡、过障碍或同向站立向前走等，激发宝宝的勇气和自信心。

过山洞 大运动

游戏目的：加强宝宝手臂、肩膀、腰腹和腿部的肌肉力量的训练，有助于宝宝的身体发育，为未来站立和行走做好准备。

游戏方法：1. 爸爸膝盖着地，双手放在地面上，用身体建造一个“山洞”。2. 在身侧放一个苹果，引导宝宝向前爬过“山洞”，拿到苹果。3. 完成任务时，爸爸要为宝宝欢呼，比如，“宝贝，你做到了！干得好！你真是个棒棒的宝宝！”

在发展宝宝大运动的同时，还可以让爸爸动一动，锻炼一下身体。

爸爸的智慧小新星

当宝宝全神贯注地沉浸在自己所关注的事物中时，爸爸要避免干扰或打断宝宝的注意力，这是培养宝宝专注力和好奇心的重要机会。

玩具在哪里 观察能力

游戏目的: 培养宝宝的观察力，锻炼宝宝解决问题的能力。

游戏方法: 1. 爸爸准备一个宝宝喜欢的毛绒玩具，再准备一根长长的绳子。2. 将绳子的一端系在宝宝喜爱的毛绒玩具上，再把系绳子的玩具藏到被子里。3. 用长长的绳子留下线索，引导宝宝拽着绳子找到自己心爱的玩具，爸爸适时给予宝宝鼓励和赞赏。

追逐影子 逻辑思维

游戏目的: 训练宝宝观察力和想象力，激发宝宝好奇心。

游戏方法: 1. 选择有阳光的日子，爸爸和宝宝到户外，引导宝宝试着踩到爸爸的影子。2. 爸爸还可以引导宝宝观察不同时间影子有什么不同，比如：在中午和傍晚时分，影子会变得很短或很长。

纸杯塔 逻辑思维

游戏目的: 锻炼宝宝对物体空间位置的分辨能力。

游戏方法: 1. 用一次性纸杯倒置叠放在爬行垫上，堆叠成三到四层的塔状，最上面一层只有一个，下面每一层都递增一个。2. 爸爸引导宝宝站在或坐在爬行垫上，轻轻推动球向前滚，朝纸杯塔击去，爸爸和宝宝一起数一数倒了几个纸杯。

爸爸的习惯小能手

这个阶段是培养宝宝自主进食的重要时期。宝宝开始对食物产生浓厚兴趣，爸爸需要提供适合抓握的食物，鼓励宝宝自己动手尝试。同时，宝宝也开始表现出对周围环境的探索欲望，想要触摸、尝试和了解更多。

饼干魔法屋 生活自理

游戏目的：培养宝宝的观察力和想象力，激发宝宝对食物的好奇心和探索欲望，培养宝宝收拾整理的好习惯。

游戏方法：1. 爸爸为宝宝准备各种形状的饼干。2. 爸爸和宝宝一起一边咬，一边观察被咬过的饼干像什么，可以引导宝宝观察饼干上的咬痕，让宝宝发挥想象力，想象这些咬痕像什么，例如像月亮、花朵等。3. 最后，爸爸和宝宝一起将没有吃完的饼干放到饼干盒里，擦一擦掉落的饼干屑。

神秘的包裹 生活自理

游戏目的：培养宝宝的观察力和想象力，养成自主进食的好习惯。

游戏方法：1. 爸爸用手帕将香蕉包裹起来，鼓励宝宝通过触摸来猜测是什么。2. 爸爸拿掉手帕，展示香蕉给宝宝看。3. 引导宝宝自己剥掉香蕉皮，品尝香蕉的味道。

此时的宝宝还小，香蕉尝一尝味道可以，但不要多吃哦，否则会伤到宝宝娇嫩的肠胃。

15~18 个月

满18个月 宝宝的发展里程碑

语言能力

宝宝能理解 20~30 个词汇，大约有 50% 的宝宝能叫出物体名称。

喂养与如厕

宝宝要大小便的时候自己知道找便盆。宝宝能够用勺子自己吃饭，用杯子自己喝水。

认知能力

宝宝能够区分不同的形状，对形状有了一定的认知。宝宝通过触摸，能够区分物体的冷热、软硬等不同特性。

大运动能力

宝宝能够迈步、停步、转弯、蹲下、站起，甚至可以向前走或向后退。宝宝可以扔球，并进行一些基础的球类活动。

人际互动

宝宝情绪丰富，可以表现出高兴、生气、反抗、嫉妒等复杂的情绪。宝宝可以根据情景做出不同的反应，比如，准备出门的时候，宝宝会去拿鞋。

精细动作能力

宝宝能够将四块积木摞起来。宝宝能画出直线。

15~18个月宝宝的早教要点

15 个月

★ 引导宝宝说词语。
★ 在安静的环境下和宝宝说话。
★ 引导宝宝玩拖拽玩具。
★ 引导宝宝穿衣服时主动伸手伸脚。
★ 宝宝用勺子吃饭时，不要过多干扰。
★ 可以让宝宝完成包含两个重要词语的指令，比如“去桌子上拿水杯”。

16 个月

★ 锻炼宝宝蹲的能力。
★ 鼓励宝宝对听到的声音进行模仿。
★ 教宝宝数数、比较大小关系、认识形状等。
★ 培养宝宝饭前便后洗手的习惯，增强生活自理能力。
★ 引导宝宝初步理解整体与部分，比如衣服包括外套和裤子等。

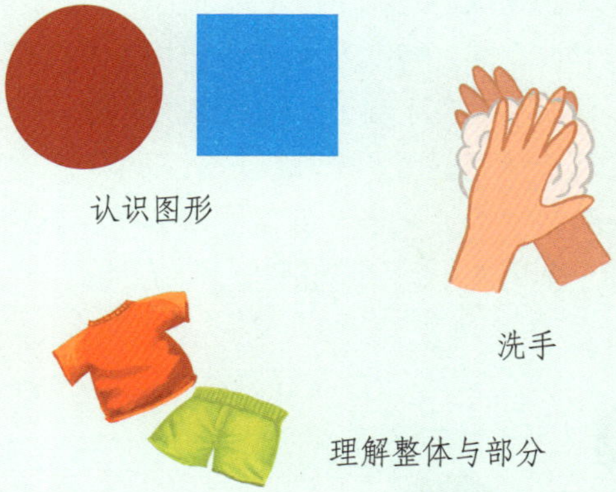

17 个月

★ 教宝宝跑步，学会控制自己身体。
★ 鼓励宝宝多玩串珠类游戏，练习精细动作。
★ 鼓励宝宝玩各种形状的积木，自由搭建。
★ 关注宝宝感兴趣的事物，并谈论相关的内容。
★ 有意识地培养宝宝收纳的习惯。

爸爸的运动小勇士

当宝宝步入 15~18 个月这个阶段，体能和运动技能进一步提升。爸爸可以和宝宝玩一些有趣的游戏，以帮助宝宝进一步提高大运动以及精细动作能力。通过这些游戏，宝宝不仅能锻炼身体协调性、增强力量，还能培养自信心和解决问题的能力。

夹球大比拼 精细动作

游戏目的： 培养宝宝手部动作稳定性及手指运用的灵活性。

游戏方法： 1. 爸爸准备一些纸球、海绵球、塑料球、药丸空壳，四个空碗和两把宽头夹子。2. 比赛开始前，引导宝宝练习夹球。先练习夹纸球和海绵球，熟练之后再练习夹塑料球、药丸空壳。待宝宝将所有的球夹得都很熟练后，爸爸就可以和宝宝比赛了。3. 拿出四个碗，两个是空碗，另外两个碗里各放四个球（纸球、海绵球、塑料球、药丸空壳各一个），爸爸和宝宝比赛夹球，先把碗里的球全部夹到另外一个空碗里的一方为获胜方。

捏雪人 精细动作

游戏目的： 帮助宝宝提高对手部肌肉的控制能力及手眼协调能力。

游戏方法： 1. 爸爸准备白色、红色、黄色、黑色、棕色五种颜色的彩泥。2. 爸爸和宝宝一起用白色彩泥搓一大一小两个圆球，用红色彩泥捏出一个圆锥形当雪人帽子，用黄色彩泥捏出鼻子，用黑色彩泥当雪人眼睛，用棕色彩泥捏几个小圆球作为扣子。

在玩的过程中，爸爸一定不要让宝宝将彩泥放到嘴里；游戏结束后，及时收起彩泥。

卡片串珠小工匠 精细动作

游戏目的：锻炼宝宝精细动作和手眼协调能力。

游戏方法：1. 爸爸将硬纸板裁成直径约 1 厘米的圆形卡片，可以选不同颜色或图案，在中间穿孔。2. 引导宝宝拿起鞋带的一端，尝试将圆形卡片逐一串在鞋带上。爸爸可以先示范一下如何串，然后引导宝宝自己动手尝试。3. 鼓励宝宝按照自己喜欢的顺序和图案搭配进行串线，创造出属于自己的作品。

彩色纸板拼图 精细动作

游戏目的：促进宝宝的精细动作发展和手眼协调能力。

游戏方法：1. 爸爸将食品包装盒子或袋子正面的彩色图案剪下来，再剪成可以互相咬合的四块拼图块。2. 爸爸引导宝宝尝试将拼图块组合成一个完整的图案或形状，也可以先示范一下如何拼图，再引导宝宝动手尝试。3. 可以剪成更多块，增加游戏难度和趣味性。

爸爸用完后的剪刀记得及时收好哦！

腾云驾雾 前庭觉

游戏目的： 通过前庭觉训练，增强宝宝对平衡和重力的感知。

游戏方法： 1. 爸爸坐在爬行垫上，用手扶住宝宝的胳膊。宝宝面朝爸爸，坐在爸爸脚背上，抱住爸爸小腿。2. 爸爸抬起脚，引导宝宝感受到腾空和上升的感觉。3. 爸爸缓缓放下脚，让宝宝安全着陆。

小小独木桥 前庭觉

游戏目的： 锻炼宝宝走路的稳定性和平衡力。

游戏方法： 1. 爸爸将浴巾折叠成长条形，浴巾的一端可以稍微卷起，形成“小山峰”，增加难度。2. 爸爸先示范如何赤脚踩在浴巾卷上，保持平衡并向前行走。3. 再引导宝宝稳定地站立并走过浴巾卷。

灌篮小高手 大运动

游戏目的： 培养宝宝的身体协调能力和手眼协调能力。

游戏方法： 1. 爸爸准备好团成球状的干净袜子，并将空的洗衣篮摆放在距离宝宝 0.5 米远的地方。2. 爸爸教宝宝如何瞄准和投篮。3. 宝宝进行独立投篮的过程中，每投进一次要及时鼓励宝宝。

爸爸滑梯 大运动

游戏目的：锻炼宝宝身体协调与平衡能力，引导宝宝掌握身体控制的技巧。

游戏方法：1. 爸爸坐在椅子或沙发上，双腿自然垂放，略向前伸，用双手扶住宝宝的腋下。2. 爸爸放松膝盖，慢慢将宝宝往下放，并对宝宝说："滑滑梯喽。"

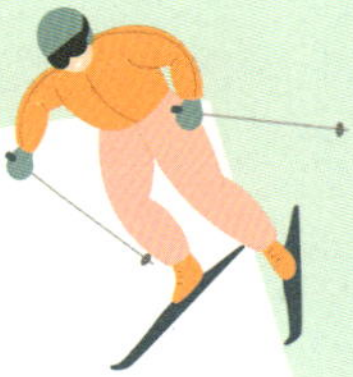

双板滑雪冲冲冲 大运动

游戏目的：训练宝宝支撑能力、身体控制能力以及平衡能力。

游戏方法：1. 爸爸跪在爬行垫上，引导宝宝双脚岔开站立在爸爸的小腿上，双手抓住爸爸的衣服。爸爸用手托住宝宝的屁股，宝宝模拟双板滑雪的姿态。2. 爸爸慢慢跪着向前挪动，引导宝宝体验滑雪的乐趣。3. 当宝宝逐渐适应游戏后，爸爸可以尝试改变方向。

爸爸的动作一定要慢、稳，宝宝的安全是第一位的。

爸爸的智慧小新星

15~18 个月，宝宝逐渐从婴儿成长为自信的幼儿。宝宝能够理解的概念越来越多了，还可以进行更复杂的思考。爸爸通过与宝宝的互动，可以帮助宝宝建立对事物分类和数字的认知，培养逻辑思维能力。

边走边数上楼梯 数学思维

游戏目的：引导宝宝用动作和数数来理解数字概念，加深印象。

游戏方法：1. 爸爸牵着宝宝的手爬一段少于 10 级的楼梯。**2.** 一边爬一边数数，注意节奏，每爬上 1 级，数字往上递增 1 个，鼓励宝宝一起来数。**3.** 从 1 一直数到 9，不要间断。

喂食饼干对对碰 图形认知

游戏目的：给形状找位置，识物辨形。

游戏方法：1. 爸爸先在两个塑料瓶的一侧画上娃娃的眼睛、鼻子，再把一只塑料瓶娃娃的嘴巴剪成圆形，另一只的嘴巴剪成方形。**2.** 爸爸拿出饼干，引导宝宝观察形状，再引导宝宝观察塑料瓶娃娃的嘴巴都是什么形状。**3.** 爸爸告诉宝宝："塑料瓶娃娃饿了，也想吃饼干，但是只能吃和自己嘴巴形状相同的饼干，宝宝来给娃娃喂饼干吧。" **4.** 引导宝宝给圆嘴巴的塑料瓶娃娃喂圆形饼干，给方嘴巴的塑料瓶娃娃喂方形饼干。

好奇盒之声 感官能力

游戏目的：激发宝宝的好奇心和探索欲望，培养宝宝的动手能力和辨别声音的能力。

游戏方法：1. 爸爸准备两个空盒子，将铃铛或沙锤等可以发出声音的玩具放入其中。2. 轻轻摇晃盒子，让宝宝听到“铃铃”“沙沙”的声音。3. 鼓励宝宝自己打开盒子，并尝试摇一摇，听听是否与刚才听到的声音一样。

宝宝说冷热 科学认知

游戏目的：培养宝宝的触觉和温度辨识能力。

游戏方法：1. 爸爸用两个杯子盛不同温度的水，一边引导宝宝伸手触摸杯身，一边清楚地说出“这是凉的”“这是热的”。2. 宝宝会说凉、热等词汇后，可以将两杯水的温度差别逐步缩小，引导宝宝感觉并说出第二杯水比第一杯水更凉还是更热。

水的温度不能太烫，以免烫伤宝宝，40℃左右即可。

太阳的秘密 科学认知

游戏目的：引导宝宝观察自然，增进对自然现象的理解，激发对天文学的兴趣和好奇心。

游戏方法：1. 爸爸清晨或傍晚带宝宝到户外，引导宝宝观察天空中的太阳，说：“这是太阳，带来了光和热。”2. 爸爸可以跟宝宝一起看太阳的图片，并模拟太阳一天的运动轨迹，告诉宝宝太阳早上从东方升起，傍晚从西方落下。

爸爸的习惯小能手

这个阶段，亲子阅读能够让宝宝获得轻松愉快的互动体验，爸爸可以试着让宝宝自己主导整个阅读过程，此外，宝宝也开始对大自然产生浓厚的兴趣。宝宝会对花朵、昆虫等自然界的事物充满好奇，想要探索和了解更多。爸爸可以带宝宝去户外探索大自然的美妙。通过接触大自然，宝宝可以逐渐建立起保护环境、节约资源的意识。

比比谁更高 热爱自然

游戏目的： 培养宝宝的自信心和观察力，激发宝宝对大自然的探索欲望，养成健康生活的好习惯。

游戏方法： 1. 爸爸引导宝宝和自然界的花草树木比高，还可以引导宝宝挑选一种自己喜欢的植物，然后和它比高。2. 爸爸要引导宝宝认识到，每个人都有自己成长的速度和方式，就像不同的植物有它们自己的生长周期一样。3. 爸爸可以告诉宝宝："宝贝，就像小树苗需要阳光和水分一样，你也需要健康的饮食和适量的运动来帮助你健康成长。"

玩具回家记 生活自理

游戏目的：引导宝宝学会将玩具放回原位，培养宝宝收纳的好习惯。

游戏方法：1. 爸爸先挑选几个宝宝熟悉的玩具，比如小汽车、布娃娃、积木等，在玩具旁边放置一个收纳箱。2. 引导宝宝观察收纳箱，认识一下“玩具的家”，告诉宝宝每个玩具玩完后都应该回到自己的家。3. 示范给宝宝看如何将玩具一个一个放入收纳箱中，同时可以引入一些简单的指令或故事情节，比如：“布娃娃玩累了，要回家休息了，你能帮它找到家吗？”4. 引导宝宝模仿爸爸的动作，尝试将玩具放入收纳箱。

可以在游戏前将玉米皮剥开一点，使宝宝剥皮时更容易，增加玩游戏的信心。

剥玉米 劳动习惯

游戏目的：通过模拟家务活动，培养宝宝的秩序感和责任感。

游戏方法：1. 爸爸准备一根玉米，确保玉米皮干燥且容易剥离。同时，为宝宝准备一个容器，用于放置剥下的玉米皮。2. 爸爸可以先示范如何轻轻地抓住玉米皮，然后向下拉，将玉米皮从玉米上剥下，鼓励宝宝模仿爸爸的动作。3. 最后，爸爸可以引导宝宝一起整理剩下的玉米和容器。

18~21 个月

满21个月 宝宝的发展里程碑

语言能力

宝宝说话的积极性提高，更愿意主动与人交流。宝宝能回答一些简单的问题，词汇量增大，开始会说词组和 3~5 个字的简单句子。

生活自理能力

宝宝能够自己用勺子吃饭，基本不需要大人辅助。

大运动能力

宝宝能够有目的地投掷物体，会踢球，掌握基本球类运动的技巧。多数宝宝能扶着栏杆上下楼梯，平衡和协调能力进一步发展。

认知能力

宝宝开始认识颜色，能够背诵一些简单的儿歌，认识一些简单的象形字。

精细动作能力

宝宝能搭高 8 块左右的积木。宝宝能够完成串珠子、拉拉链等精细动作，动手能力进一步提高。

社交行为能力

宝宝能说出常见物品的用途。宝宝可以向他人清楚地表达自己的意愿。

18~21个月宝宝的早教要点

18 个月

★ 引导宝宝练习向高搭建积木。

★ 可以带宝宝玩一些 2~6 片的简单拼图。

★ 鼓励宝宝踢球。

★ 教宝宝认识颜色、形状、大小等基本概念，提高认知能力。

★ 通过日常对话和阅读图画书，鼓励宝宝表达自己的想法和感受，提高语言表达能力。

阅读图画书

拼图

踢球

19 个月

★ 引导宝宝练习爬儿童梯子。

★ 鼓励宝宝做模仿游戏，比如模仿做饭、模仿和娃娃玩游戏等。

★ 带宝宝接触大自然，观察动植物，引导宝宝认识世界的美好和神奇。

★ 鼓励宝宝多与成人或同龄孩子进行互动。

★ 教孩子礼貌用语，比如“你好”“再见”等。

爬梯子

观察植物

打招呼

20 个月

★ 教宝宝数数，建立数字的概念。

★ 尝试让宝宝自己解决一些问题，比如自制简单玩具、搬小凳子等。

★ 尽量不要说代词，比如不要说“爸爸把它放下”，要说“爸爸把水杯放下”。

★ 逐渐培养宝宝的独立性，学习自己穿脱简单的衣物等基本生活技能。

认识数字

搬小凳子

独立穿衣服

爸爸的运动小勇士

在 18~21 个月的阶段，宝宝的身体和运动技能达到了新的高度，充满着无限的能量，对周围的世界充满了好奇和探索欲望。由于宝宝的活动能力增强，更加好动，探索范围也更广，因此爸爸要提供一个安全的环境，避免宝宝接触到危险物品或区域。同时，爸爸也要注意游戏和活动难度的设置，避免超过宝宝的体能极限和技能发展水平。

积木垒高楼 精细动作

游戏目的： 培养宝宝的动手能力，促进手部精细动作发展。

游戏方法： **1.** 爸爸先为宝宝搭建一个稳固的积木基础，以便宝宝能够在此基础上继续搭建。**2.** 爸爸告诉宝宝："边角要先对齐，再垒第三块，每次都要把边角对齐才能再垒高，这样不容易掉下来。" **3.** 宝宝熟练后，爸爸也可以鼓励宝宝尝试搭建不同的建筑，用积木搭建成塔、桥梁等，激发宝宝的创造力和想象力。

积木路小司机 精细动作

游戏目的： 培养宝宝空间感和手眼协调能力。

游戏方法： **1.** 爸爸先要给宝宝正确示范搭 8 块积木，教宝宝把长条积木按照一定的间隔排列起来，连接成一条弯弯曲曲的小路。**2.** 引导宝宝模仿搭积木，宝宝每加一块爸爸都要给予夸奖，用激励的语言引导宝宝爱上搭积木。**3.** 引导宝宝拿着一辆玩具小汽车，顺着这条"小路"开汽车，要求最好不要碰到积木。

钓鱼高手 精细动作

游戏目的： 提升宝宝对手部动作的控制能力及手眼协调能力，促进宝宝手部肌肉的发展。

游戏方法： 1. 爸爸准备一根细木棍或长筷子作为“钓鱼竿”，在一端拴上绳子，再在绳子的一端拴上一块磁铁。接着用硬彩纸或废挂历纸剪出小鱼的形状，在小鱼的身上别上曲别针。2. 引导宝宝拿着“钓鱼竿”，爸爸可以随意发出指令：“宝宝，请你钓一条大鱼，钓一条小鱼，宝宝现在钓了几条鱼了？”也可以让宝宝随意钓鱼，还可以和爸爸进行钓鱼比赛。

光明探险家 精细动作

游戏目的： 培养宝宝的探索精神和好奇心，锻炼抓握能力和手眼协调能力。

游戏方法： 1. 爸爸提前在隐秘的地方藏一些玩具，调暗灯光或创造一个黑暗的环境。2. 慢慢移动手电筒，用光线引导宝宝去寻找藏匿的玩具或小物件。3. 爸爸可以在宝宝身后用手电筒照向不同的方向，引起宝宝的注意，鼓励宝宝去探索和寻找。

爸爸应避免把手电筒的光直接照向宝宝眼睛，以免伤害宝宝视力。

动感父子 前庭觉

游戏目的：锻炼宝宝的胆量，促进空间感知能力和身体平衡性发展。

游戏方法：1. 爸爸在地上做俯卧撑，宝宝坐在爸爸的腰上，双手抓紧爸爸的衣服。2. 爸爸在完成俯卧撑的同时，要时刻注意保持宝宝的平衡，并提醒宝宝感受上下位置的变化。

足球小将 大运动

游戏目的：培养宝宝的踢球技巧和身体协调能力，激发宝宝对足球运动的兴趣。

游戏方法：1. 爸爸弯腰，双腿大开，形成一个圆圈。2. 爸爸鼓励宝宝将球踢进爸爸双腿间的圈内。3. 爸爸还可以慢慢移动双腿的位置，引导宝宝尝试从不同的距离和角度踢球。

仰卧拉坐 大运动

游戏目的：锻炼宝宝腹部核心力量。

游戏方法：1. 宝宝平躺在床上，爸爸坐在宝宝的对面。2. 爸爸双手紧握住宝宝的手腕，将宝宝慢慢、牢固地拉坐起，再慢慢放下。可以连续做 3 组。

十字蹦蹦跳 大运动

游戏目的： 锻炼宝宝的跳跃能力，提升腿部肌肉力量。

游戏方法： **1.** 使用未开封的纸抽（或卫生纸）按照“十”字形行列各摆放 1 米，形成一个简易的跳跃障碍区。确保纸抽摆放稳固，不易滑动。**2.** 爸爸拉住宝宝的双手，引导宝宝双脚并拢，向前跳跃，跳过每一条纸抽形成的障碍。

虽然是“冒险”，但爸爸背着宝宝走时一定要又慢又稳。

巨人来喽 前庭觉

游戏目的： 引导宝宝从不同角度探索物体，促进空间感知能力和身体平衡能力发展。

游戏方法： **1.** 让宝宝骑在爸爸的脖子上，并用双手抱住爸爸的头，爸爸用双手扶住宝宝的大腿，或者直接握住宝宝的上臂。**2.** 爸爸和宝宝在客厅、走廊或其他房间展开了一场小冒险，一边走一边说：“小心，巨人来啦！巨人来啦！”“抓紧，我的小冒险家！我们正在探索巨人花园！看看我们从这里能看到什么神奇的东西！”

爸爸的智慧小新星

宝宝在这个阶段开始逐渐理解大小的概念，爸爸可以通过游戏帮助宝宝学习大小关系，比如，可以玩叠叠乐游戏，引导宝宝按照大小顺序叠放玩具。爸爸通过与宝宝一起探索事物、学习大小和颜色概念等游戏活动，可以帮助宝宝认知和理解事物，逐步培养宝宝的逻辑思维。

饼干比大小 数学思维

游戏目的： 增进宝宝对大小概念的认知和理解。

游戏方法： 1. 爸爸准备大小不一的两块饼干，告诉宝宝哪块大，哪块小。2. 给宝宝指令：指出大的饼干，如果指对了，作为奖励可以让宝宝吃掉，如果指错了，要提醒宝宝重新观察和分辨。3. 引导宝宝观察并触摸饼干，感受大小的区别。

多彩探索镜 科学认知

游戏目的： 增进宝宝对色彩的认知和理解。

游戏方法： 1. 爸爸在有芯卫生纸筒的一端覆上一张红色玻璃纸，引导宝宝在另一端透过玻璃纸观察周围物体。2. 爸爸依次覆上黄色和蓝色的玻璃纸，引导宝宝观察。3. 将三张玻璃纸两两组合，引导宝宝发现更多有趣的色彩变化。

爸爸的习惯小能手

在宝宝遇到困难时，爸爸要及时给予帮助，鼓励宝宝坚持下去。通过这种方式，宝宝逐渐形成生活自理能力，培养独立习惯。

自制沙锤乐 生活自理

游戏目的： 培养宝宝的动手能力和创造力，培养宝宝动手动脑、自主解决问题的好习惯。

游戏方法： 1. 爸爸准备一个空饮料瓶，宝宝将一些小石子或各种豆子放入塑料瓶中。2. 宝宝自己拧紧瓶盖，爸爸可以检查或给予帮助。3. 宝宝拿着自制的沙锤摇晃，感受其中的声音和节奏。

舀豆子 生活自理

游戏目的： 帮宝宝熟练使用勺子，提升生活自理能力，养成自主进食的好习惯。

游戏方法： 1. 准备两只小碗、一把勺子、一些豆子（黄豆等）。2. 爸爸将黄豆放在左边的小碗里，用勺子将碗里的黄豆一勺一勺舀到右边的空碗里，爸爸示范舀的动作给宝宝看，边做边说："把黄豆舀出来，放到另一只碗里。"左边碗里的黄豆舀空后，爸爸再将右边碗里的黄豆舀回来。3. 引导宝宝练习用勺子舀黄豆。4. 爸爸可以在必要时给予一些帮助，在宝宝成功时，别忘了表扬和鼓励宝宝。

社交小能手 社交

游戏目的： 培养宝宝的社交能力和礼貌习惯。

游戏方法： 1. 爸爸教宝宝使用不同的礼貌称呼，比如"叔叔""阿姨""奶奶"等，知道如何称呼家庭成员。2. 将准备好的照片或画册给宝宝看，说出正确的称呼和问候语。3. 爸爸或宝宝可以扮演不同的人物，进行模拟对话，引导宝宝说出礼貌用语。

21~24 个月

满24个月 宝宝的发展里程碑

语言能力

宝宝能说两句以上的诗歌或儿歌，能说出常见物体的用途，词汇量进一步增加。

生活自理能力

宝宝开始养成饭前便后洗手的习惯，洗手后能够用毛巾擦干手，并将毛巾放回原处。宝宝愿意自己完成一些日常任务，比如收拾玩具、摆餐具等。

认知能力

宝宝能够一页一页地翻书，喜欢听故事，能够理解并参与故事的情节和角色。宝宝自我意识进一步发展，知道“我的”含义。

大运动能力

宝宝能自由自在地跑步，并能迅速从跑步状态转为停止状态。宝宝能够双脚跳，离地和落地两次以上。

社交行为能力

宝宝会和小伙伴打招呼，遇到不认识的东西会问:“这是什么？”宝宝愿意帮助大人做事。

精细动作能力

宝宝能够完成非常精细的动作，比如用水晶线穿扣眼，穿过扣眼后拉线。宝宝会解扣子，自己穿鞋，动手能力进一步增强。

21~24个月宝宝的早教要点

21 个月

★ 多和宝宝一起跑步。
★ 教宝宝接球和抛球。
★ 和宝宝一起玩串珠游戏，选择比普通珠子稍小的珠子。
★ 宝宝洗澡时玩一些玩具，通过探索水获得乐趣。
★ 教宝宝如何整理玩具和书籍。
★ 引导宝宝多嗅嗅不同物品的味道，提高嗅觉灵敏度。

22 个月

★ 引导宝宝追逐泡泡、球或其他玩具，锻炼宝宝的运动能力和反应能力。
★ 可以让宝宝玩橡皮泥，进行自由创作。
★ 引导宝宝进行如厕练习。
★ 多进行分类训练。
★ 教宝宝如何整理自己的玩具箱。

23 个月

★ 引导宝宝在平衡木上行走。
★ 引导宝宝捡起一些很细小的物品，锻炼手指灵活性。
★ 引导宝宝在亲子阅读中为图书中不同的人物配不同风格的声音，增强趣味性。
★ 引导宝宝描述自己正在做的事情，或者看到的物品，提高语言表达能力。

爸爸的运动小勇士

这一阶段宝宝的手指灵巧性得到了进一步的提升，能够更准确地抓握物品、拼插积木、翻书等。大运动也有了提升，能够自如地奔跑、跳跃，可以尝试一些更加复杂的动作。爸爸可以更好地引导和培养宝宝的体能和运动技能，增强宝宝的自信心和解决问题的能力。

骑马乐翻天 前庭觉

游戏目的：增进宝宝对晃动和平衡的感知。

游戏方法：1. 爸爸双手撑地，跪在爬行垫上。引导宝宝坐在爸爸的背部，双腿夹紧，双手抱住爸爸的脖子，保证宝宝的稳定。2. 爸爸轻轻晃动自己的身体，引导宝宝随着晃动而摇摆。3. 爸爸尝试移动位置，注意动作慢一些，可以让妈妈在一旁保护宝宝。

小珠子的奥秘 精细动作

游戏目的：引导宝宝自由发挥创作，激发想象力，同时训练宝宝的手眼协调能力。

游戏方法：1. 准备若干有小孔的小珠子，两根细绳。2. 爸爸拿出小珠子，引导宝宝观察并注意珠子中间的小孔，并示范如何将绳子穿过小孔，穿过小孔后拉线，引导宝宝观察。3. 鼓励宝宝自己动手尝试将绳子穿过小孔，制作项链。4. 当宝宝成功完成项链后，爸爸可以给宝宝戴上，并给予表扬和鼓励。

时刻关注宝宝安全，别让宝宝把小珠子吞了。

泡泡乐园 精细动作

游戏目的：锻炼宝宝的动手能力和手眼协调能力。

游戏方法：1. 爸爸协助宝宝在小碗中倒入半碗水，加入几滴洗洁精或一小块肥皂，搅拌至溶解。2. 用吸管沾一下泡泡水，轻轻吹出一串泡泡给宝宝看，引导宝宝追逐或者打破泡泡。3. 鼓励宝宝自己尝试吹泡泡，注意提醒宝宝不要把吸管放进嘴里，以免误吸泡泡水。

呼呼吹倒 精细动作

游戏目的：锻炼宝宝的肺活量，培养手眼协调能力。

游戏方法：1. 爸爸教宝宝尝试将一张比较硬的纸沿中线对折，然后直立放在桌子上，爸爸引导宝宝观察对折纸的平衡点，并尝试不同的放置方式，直到纸稳定地立住。2. 爸爸引导宝宝尝试用嘴巴将纸吹倒，同时观察吹气的角度和力度。

套塔上的彩虹 精细动作

游戏目的：训练宝宝控制手部的力度和准确性，提高手眼协调能力。

游戏方法：1. 首先爸爸示范将一个彩环套在垂直的塑料桩或木桩上，然后引导宝宝模仿一个一个往上套。2. 每套上一个，都要鼓励宝宝，比如拍手，或者说“啊，宝宝真棒”“啊！套上了”“啊，宝宝成功了”等。3. 待宝宝熟练后，便可引导宝宝按颜色或者大小顺序套成彩色塔。

小小头顶搬运工 大运动

游戏目的：培养宝宝的平衡感和身体控制能力。

游戏方法：1. 爸爸在地上设置一条起点线和一条终点线，终点线附近放置准备好的筐或其他容器。2. 让宝宝站在起点线后，尝试将毛绒玩具或书放在头顶，要求双手不能触碰，保持稳定。3. 引导宝宝慢慢向前走，要求保持头顶的物品不掉下来。爸爸可以在旁边帮助宝宝保持平衡。4. 当宝宝成功到终点线时，再将头顶物品轻轻放入筐或其他容器中。

摇摇桨 大运动

游戏目的：增强宝宝的肩膀、胸部、手臂、腹部的力量。

游戏方法：1. 准备一根 50 厘米长的小棍，宝宝坐在爸爸大腿上。2. 宝宝用小手握住小棍的中间部分，爸爸用大手分别握住小棍的两端。当爸爸喊出“开船啦”时，宝宝跟着爸爸一同摆动小棍，就像划船一样。

勇敢空降兵 大运动

游戏目的： 锻炼宝宝的跳跃能力。

游戏方法： **1.** 准备一条薄被子或毛毯，折叠成 20 厘米左右的高度，作为跳跃点，鼓励宝宝双脚并拢，站在跳跃点跳下。**2.** 爸爸站在距离床边 20 厘米的地方，伸开双臂，作为宝宝的目标物。**3.** 宝宝从床的中间起跑，快跑到床边缘时起跳，扑到爸爸的怀里。

爸爸可以先为宝宝示范如何跳，再让宝宝模仿。

抛接球 大运动

游戏目的： 培养宝宝的空间判断能力和动作敏捷性，锻炼臂力和手眼协调能力。

游戏方法： **1.** 爸爸把皮球轻轻抛向地面，让球在地面上反弹一次，当球从地面反弹时，鼓励宝宝用手接球。**2.** 爸爸和宝宝可以反复练习接反弹球，逐渐增加难度，比如直接抛球让宝宝接住。

爸爸的智慧小新星

在这个阶段，宝宝开始对日常生活中的事物产生更浓厚的兴趣，渴望了解更多关于世界的知识。因此，爸爸可以与宝宝一起探索各种事物，教宝宝认识基本的常识，比如自然现象、交通工具的功能等。

交通工具 逻辑推理

游戏目的：认识交通工具的分类，提高逻辑推理能力。

游戏方法：1. 准备一些常见的交通工具图片，比如汽车、飞机、轮船、火车等。**2.** 爸爸向宝宝展示一张图片，告诉宝宝这是什么交通工具，它有什么特点，比如："这是什么？汽车！汽车有 4 个轱辘，它在路上跑得非常快！"**3.** 可以引导宝宝模仿交通工具，比如引导宝宝双手像握住汽车方向盘一样转动起来，一边行走一边发出汽车的喇叭声"嘀嘀嘀"。

小小饲养员 逻辑推理

游戏目的：帮助宝宝理解物品之间的联系，提高逻辑推理能力。

游戏方法：1. 准备三个开口式纸盒，分别贴上小白兔、小猫、小狗的图片，再准备一些青菜、骨头、蘑菇、鱼、胡萝卜的图片。**2.** 爸爸先把带图片的纸盒摆放好，再把食物的图片给宝宝，然后问宝宝："小白兔、小猫和小狗肚子饿了，它们想吃东西了，宝宝是小饲养员，快来给它们喂吃的吧。"**3.** 引导宝宝从食物图片中选出小动物们喜欢吃的食物，分别放在对应动物的盒子里。鼓励宝宝一边喂小动物一边说："小白兔爱吃胡萝卜，小猫爱吃鱼……"

灵敏的小鼻子 感知能力

游戏目的：训练宝宝的嗅觉感知能力。

游戏方法：1. 爸爸用塑料杯装入适量醋、酱油、香油、洋葱（切碎）等。2. 用不透明的纸套在塑料杯口上，用皮筋扎好，在纸上扎几个孔。3. 引导宝宝逐个闻一闻，并说出是什么味道。宝宝说出名称后，将纸揭开，让宝宝自我检查是否正确。4. 可以在宝宝用餐前蒙住宝宝的眼睛，引导宝宝闻闻饭菜的香味并说出饭菜的名称，如包子、米饭、西红柿炒鸡蛋等。

自制扩音器 科学认知

游戏目的：初步了解影响声音的产生以及声音大小的因素。

游戏方法：1. 爸爸准备两张稍大点的厚纸。2. 爸爸先把一张大厚纸卷起来，折成锥体，做成一个纸制的扩音器，然后引导宝宝试着自己来做一个扩音器。3. 爸爸用纸制扩音器给宝宝演示如何通过锥体的小口改变音量，反复大声或低声与宝宝说话，或用它让各种声音变大，帮助宝宝体会声音的变化。

水的变化 科学认知

游戏目的：引导宝宝了解水的三种形态：固态、液态和气态。

游戏方法：1. 爸爸准备一个小碗，装入清水，并放入冰箱冷冻，直至水结冰。2. 爸爸拿出冰块，引导宝宝观察并触摸，告诉宝宝："水变成了冰，变得又冷又硬。" 3. 引导宝宝将冰块放在阳光下，观察冰块逐渐融化的过程，将融化的水倒入另一个小碗中，再次触摸感受水的温度。4. 引导宝宝观察并思考冰块融化成水的条件。

爸爸为宝宝冻的冰块不要太大哦，否则融化过程太长，宝宝会失去兴趣的。

爸爸的习惯小能手

宝宝在这个阶段渴望学习和掌握更多的生活技能，因此，爸爸可以鼓励宝宝自己洗手洗脸、上厕所等。在宝宝学习这些技能的过程中，爸爸要及时给予帮助和指导，让宝宝有充分的练习机会。通过这种方式，宝宝可以逐渐建立起生活自理的能力，变得越来越独立。

学洗脸 生活自理

游戏目的： 培养宝宝的自理能力和良好的卫生习惯。

游戏方法： 1. 爸爸和宝宝一起坐在洗脸盆前，爸爸说："今天我们要一起学习洗脸，成为一个洗脸专家！" 2. 爸爸给宝宝示范正确的洗脸步骤：先用手捧起温水轻轻浸湿脸，然后打圈圈揉搓 2 遍，用清水冲洗干净，最后用毛巾轻轻擦拭眼睛、鼻子、嘴巴和脸蛋。3. 引导宝宝模仿爸爸的动作，尝试自己洗脸。

宝宝洗脸时可能弄湿衣服，爸爸及时帮换衣服即可，责怪会让宝宝失去兴趣。

捡豆子 生活自理

游戏目的： 提高宝宝的分类整理能力，培养宝宝喜欢参与家务劳动的好习惯。

游戏方法： 1. 把红豆、绿豆、黄豆或黑豆各抓十个左右放在碗里混合均匀。2. 引导宝宝按照颜色将豆子分别放在不同的盘子里。

火车进山洞 生活自理

游戏目的： 提高宝宝照顾自己的能力，学会自己穿裤子。

游戏方法： 1. 爸爸拿着裤子，先穿一条裤腿，说："火车进山洞啦！"再穿另一条裤腿，也可以把两条腿穿进一条裤腿中，说："哎呀呀，撞车啦！"赶忙抽回一条腿，穿进另一条裤腿中。2. 引导宝宝坐在床上，模仿爸爸穿裤子的动作。

爸爸也可以耐心地让宝宝一步一步跟着做，增强宝宝的信心。

如果家里食材不全，可以选择少放几种或换家里有的食材。

好喝的八宝粥 劳动习惯

游戏目的： 让宝宝积累味觉经验的同时了解做事的顺序，培养秩序感，积累生活经验，养成参与家务劳动的习惯。

游戏方法： 1. 爸爸和宝宝一起准备金丝小枣、葡萄干、赤小豆、大米、芸豆、莲子、桂圆、大麦仁、花生米等食材。2. 将所有食材放到小盆里，检查豆子是否完好，引导宝宝记住豆子的名称，并帮助宝宝一起洗干净。3. 将洗干净的所有食材放到电饭锅里，按下"煲粥"的一档，等待。4. 八宝粥做好后，用勺子盛到碗里，待温后品尝，并引导宝宝尝试说出金丝小枣、葡萄干、莲子、桂圆、花生米的味道。

第四章

2~4 岁，秩序敏感期，给宝宝耐心和理解

2~4 岁是宝宝秩序敏感期的重要阶段，宝宝对周围环境的秩序有着敏锐的感知，需要在有秩序的环境中认识事物，开始对事物的顺序、规则和因果关系产生浓厚的兴趣，需要爸爸的耐心和理解。

本章将提供一系列与秩序相关的早教游戏，这些游戏将满足宝宝对秩序的需求，培养宝宝的逻辑思维以及解决问题的能力。爸爸只需每天抽出一些时间，与宝宝一起玩这些游戏，帮助宝宝在愉快的氛围中学习新知识，加深对世界的认识，同时顺利度过秩序敏感期。

2~2.5 岁

满2.5岁 宝宝的发展里程碑

语言能力

宝宝根据图片能认出常见事物，如树叶、青蛙、房子、雨伞等，能说出自己的名字。

生活自理能力

宝宝能够自己洗手、洗脸、漱口，会把拖鞋摆放整齐，会倒水，会脱单衣裤。

大运动能力

宝宝能够独立上下楼，还能单脚站两秒钟，能立定跳远。

认知能力

宝宝能区分物体大小，开始有数量概念，知道一个和许多个。

社交行为能力

宝宝能服从命令，有是非观念。当他人做了错事时，宝宝能够发现并指出错误。

精细动作能力

宝宝能来回倒水，水几乎不会洒出来。宝宝能够模仿大人的样子用积木搭桥。宝宝能够用水晶线穿过几枚扣子的扣眼。

2~2.5岁宝宝的早教要点

- ★ 带宝宝玩锻炼精细动作的游戏，比如拧瓶盖等，还可以提高耐心及专注力。
- ★ 可以带宝宝练习单脚站立、双脚跳，让宝宝尝试在幼儿运动器械（如平衡木）上站立、跳等。
- ★ 利用户外环境，引导宝宝接触自然，观察动植物。
- ★ 利用不同大小和形状的积木，教宝宝理解大小、形状和颜色等基本概念。
- ★ 给宝宝一些玩具进行探索，比如让宝宝比较大小、认识左右、了解浮力等。
- ★ 提高宝宝的自理能力，比如引导宝宝练习洗手、洗脸、漱口、擤鼻涕、脱衣服、用筷子等。
- ★ 当宝宝说话不完整或者不清晰时，复述宝宝的话，并补充完整。
- ★ 在宝宝自己玩游戏的时候，爸爸可以提供建议，但不要强迫宝宝接受，让宝宝有足够的选择权和自主权。
- ★ 在宝宝发脾气甚至大喊大叫的时候，爸爸要保持耐心，坚定地告诉宝宝什么事情可以做，什么事情不能做，以及为什么、怎么办。
- ★ 在与宝宝的交流中，尽量使用新的词汇，以帮助宝宝扩大词汇量，提高语言表达能力。

观察昆虫

运动器械

拧瓶盖

会用筷子

了解浮力

比较大小

洗手

爸爸的运动小健将

在 2~2.5 岁这个阶段，宝宝开始对一些规则和指令有了初步的理解，因此，爸爸可以在游戏和活动中逐渐引入一些简单的规则和指令，帮助宝宝建立规则意识。同时，爸爸还可以通过引导以及与宝宝的互动，帮助宝宝发展语言表达能力，鼓励宝宝用语言表达自己的想法和感受。

张灯结彩 精细动作

游戏目的： 锻炼宝宝精细动作和手眼协调能力。

游戏方法： 1. 爸爸准备十个不同颜色的海洋球，使用宽透明胶布在空中拉出一条长约 1 米的线，让胶布黏的一面朝下。将胶布的两端固定在确保宝宝踮脚能够得着的地方。2. 引导宝宝把海洋球一个一个地粘在胶布条上。3. 在宝宝熟练粘贴后，爸爸可以提出颜色要求，比如："宝宝，你能找到蓝色的海洋球并粘贴上去吗""你能不能按照红、黄、蓝的顺序粘贴海洋球"。

拧瓶盖挑战赛 精细动作

游戏目的：培养宝宝的竞争意识，锻炼精细动作能力，提高手指的灵活性和力量。

游戏方法：1. 爸爸准备十个空矿泉水瓶，在地上分成两列，平行放置。2. 宝宝和爸爸分成两队，坐着或蹲着准备。3. 两队同时进行拧开瓶盖的挑战，每队五个瓶子全部拧开后，再全部拧上盖子。注意：最快拧紧瓶盖，且检查合格（即五个瓶身逐个倒立，瓶盖不会掉下）的人获胜。

小瓶盖走迷宫 精细动作

游戏目的：提升宝宝的手眼协调能力和精细动作能力。

游戏方法：1. 爸爸将白纸平铺在地上或桌子上，鼓励宝宝用笔画出直线或曲线。如果宝宝刚开始不太会画，爸爸可以握住宝宝的手，帮助他完成。2. 爸爸先示范如何将塑料瓶盖放在纸上，然后沿着线条的走向移动，带领小瓶盖走出线条迷宫。3. 引导宝宝独立推着瓶盖走线条迷宫。

舀球入杯 精细动作

游戏目的： 锻炼宝宝的动手能力，提升抓握能力。

游戏方法： 1. 准备十个不同颜色的海洋球、五个一次性纸杯，以及一把大号勺子。2. 爸爸和宝宝一起将纸杯摆放整齐，可以摆成圆形、直线或其他形状。3. 引导宝宝尝试使用勺子舀取海洋球，并鼓励宝宝将海洋球放入纸杯中。

亲子平衡术 前庭觉

游戏目的： 增强宝宝的平衡感和协调性。

游戏方法： 1. 爸爸和宝宝面对面站立，保持适当的距离，使得宝宝能够舒适地将双脚分别放在爸爸的两只脚背上。爸爸和宝宝都伸出手，双方的手紧紧交握在一起。2. 爸爸慢慢向前伸直手臂，宝宝的身体自然地向后仰。3. 当宝宝适应后，爸爸开始慢慢收回手臂，帮助宝宝慢慢恢复站立姿势。4. 爸爸的动作要缓慢且稳定，给宝宝足够的时间来调整身体姿势。

独脚站的大公鸡 大运动

游戏目的： 锻炼宝宝平衡与协调能力、肌肉的控制能力，促进大运动的发展和提高。

游戏方法： 1. 爸爸单腿站在地上，一只手放到头顶模仿鸡冠，另外一只手放在身后扮作公鸡的尾巴，一边独脚站立一边模仿公鸡"喔喔喔"地叫，变身成一只独脚站立的大公鸡，增加宝宝的模仿兴趣。2. 引导宝宝模仿公鸡的样子和叫声，待宝宝熟悉之后，爸爸可以和宝宝进行比赛，看哪只公鸡站立的时间长。

梅花桩 前庭觉

游戏目的：提高宝宝的专注力和耐心，训练单脚保持平衡的能力。

游戏方法：1. 准备二十卷有芯未开封的卫生纸，将它们一个挨一个在平坦的地面上竖立放置，围成一个大圈。2. 引导宝宝脱掉鞋子，光脚站在卫生纸上，爸爸扶着宝宝的手沿着卫生纸走。注意爸爸扶着宝宝的手一定不能松开，防止宝宝踩空摔倒。

上天入地 大运动

椅子下面用海绵包好，以防宝宝磕伤头部。

游戏目的：培养宝宝的空间感知能力，增强宝宝爬行能力、行走能力。

游戏方法：1. 爸爸准备五把高低不同的成人椅子，整齐排列，形成一道障碍。2. 引导宝宝从椅子上面走过去，体验不同高度的感觉。3. 再引导宝宝从椅子底下爬过去，感受空间的变化。

小猴爬树 大运动

爸爸需要随时准备接住宝宝，防止宝宝在爬升过程中失去平衡。

游戏目的：培养宝宝的大运动能力和身体协调能力。

游戏方法：1. 爸爸先和宝宝设定规则，爬到爸爸的肩膀或脖子处。2. 爸爸坐在一个稳固的椅子上，双脚平放在地上，双手紧紧拉住宝宝的双手。宝宝站在地上，双手紧握爸爸的手，先尝试爬上爸爸的膝盖。3. 然后爸爸引导宝宝沿着自己的身体向上爬，逐步向爸爸的肩膀或脖子处前进。

爸爸的智慧小达人

在这个阶段，宝宝对数字产生了兴趣，并逐渐理解了数量的概念，同时宝宝也开始逐渐理解左右、大小的概念，但是遇到穿鞋分左右的时候，常常会混淆，因此，爸爸可以教宝宝认识数字，并玩一些简单的数学游戏和认左右、大小游戏，提高数学思维和空间思维能力。

小小搬运工 数学思维

游戏目的： 引导宝宝初步感受生活中的数与数量，了解数字、数名、数量之间的关系。

游戏方法： 1. 爸爸把几块饼干放在一个食品盒里，告诉宝宝：“今天我们要当饼干搬运工，把饼干从这一个盒子搬到另一个盒子里。” 2. 爸爸给宝宝示范如何用筷子夹起一块饼干，并放入另一个食品盒中，引导宝宝模仿爸爸的动作。3. 爸爸在搬运过程中可以数数，引导宝宝重复数字，观察相等数量的饼干，感受物品和数量之间的逻辑关系。

如果宝宝不理解，爸爸可以先亲身示范动作。

好玩的套娃 数学思维

游戏目的： 培养宝宝的空间感知能力和专注力，增进宝宝对大小概念的认知和理解。

游戏方法： 1. 爸爸准备一组能按大小次序拆开或套上的套娃玩具。爸爸先将套娃拆开，按大小次序将其摆成一排。再由大到小，将套娃一个个套回原样，成为最初的一个大套娃。2. 指导宝宝拆开套娃再按顺序套上，直到宝宝能独立操作。3. 游戏结束时，引导宝宝将套娃恢复原状，放回原位。

认识左右 逻辑思维

游戏目的：帮助宝宝认识左右的概念。

游戏方法：1. 爸爸在地上画出一条直线，引导宝宝双脚前后相接，即用右脚跟接左脚尖、左脚跟再接右脚尖，交替走直线，保持身体平衡。2. 等宝宝熟悉后，还可以站在直线上，然后用双脚跳到直线的左侧，再跳到右侧，不断提醒宝宝“这是直线的左侧”“这是直线的右侧”，帮助宝宝建立左右方向感。

当左右和实际的动作联系在一起后，会让宝宝记得更牢固。

水中的奥秘 科学认知

游戏目的：培养宝宝的观察力，初步认识不同材质在水中的沉浮特征。

游戏方法：1. 准备一盆水和各种材质的玩具，比如海绵、金属汽车、木制积木等。2. 爸爸和宝宝一起将玩具一件一件放入水中，并观察它们在水中是浮还是沉。3. 根据观察到的现象，爸爸告诉宝宝不同材质的特性。4. 爸爸可以与宝宝一起打捞沉底的物品，观察它们是否吸水。

找找看 专注力

游戏目的：引导宝宝按要求找出东西，训练宝宝的视觉能力和专注力。

游戏方法：1. 爸爸拿出图片，引导宝宝注意看，告诉宝宝：“森林里有很多动物，但是它们都藏起来了。宝宝找一找，看它们都藏在哪里了？”2. 当宝宝找到一个动物时，爸爸要表扬宝宝，鼓励宝宝继续找，直到全部找出来。3. 当宝宝把动物全部找出来后，爸爸引导宝宝说一说这些动物的名称。

爸爸的习惯小标兵

这个阶段的宝宝会对自然界的事物和天气现象产生好奇心，爸爸可以带宝宝去公园、动物园或海边等户外场所，引导宝宝接触大自然，感受大自然的神奇。通过与自然的接触，可以让宝宝更热爱大自然，养成爱护环境的好习惯。

石头寻宝记 热爱自然

游戏目的： 培养宝宝对自然环境的兴趣，学会爱护自然环境。

游戏方法： 1. 爸爸准备适合户外活动的袋子，带宝宝一起到公园或其他适合捡石头的地方。2. 引导宝宝挑选自己喜欢的石头，放入准备的袋子里。给宝宝一些引导，比如鼓励宝宝尝试分辨不同石头的特点，或者引导宝宝尝试收集不同种类的石头。3. 爸爸还可以引导宝宝在采集的石头上用画笔自由创作。

两只鞋子好朋友 生活自理

游戏目的： 帮助宝宝区分左右，提高生活自理能力。

游戏方法： 1. 爸爸拿起一只鞋子，示范正确的穿鞋方法给宝宝看，一边穿一边说："两个好朋友，历来不分手。要来一起来，要走一起走。要是穿对了头碰头，要是穿错了把头扭。" 2. 引导宝宝自己穿鞋，如果宝宝把鞋子穿反了，爸爸可以提醒："宝宝的鞋怎么扭着头？" 引导宝宝检查鞋，并重新穿。

学用筷子 生活自理

游戏目的： 锻炼宝宝的手部精细动作，引导宝宝熟练使用筷子。

游戏方法： **1.** 爸爸把花生、豆子等放入一个碗中，另一个碗并排挨着放，示范筷子正确的使用方法给宝宝看，并告诉宝宝："这是筷子，我们可以用它来夹取食物。" **2.** 引导宝宝尝试模仿爸爸使用筷子的姿势，把碗中的物体夹到另一个碗中。**3.** 引导宝宝夹起美味食物喂给娃娃"吃"，使游戏变得更有趣。

水果、蔬菜适合选比较容易切出图形的，比如苹果、梨，但葡萄就不太合适了。

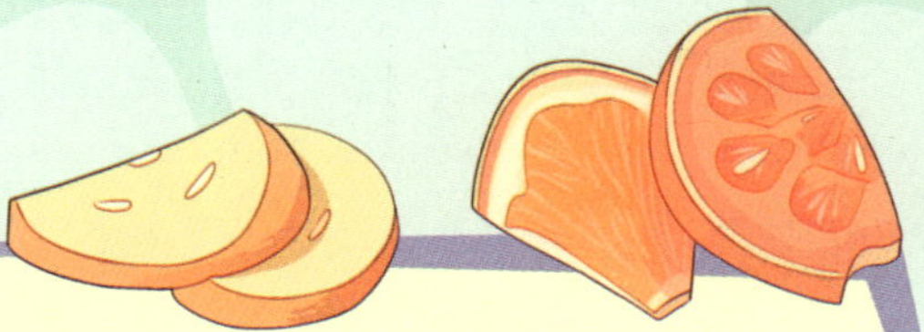

吃图形 生活自理

游戏目的： 增强宝宝咀嚼能力，培养不挑食的好习惯。

游戏方法： **1.** 爸爸把宝宝的加餐换个形式吧！可以把苹果或胡萝卜等水果蔬菜切成不同形状的薄片，或用面包片和宝宝一起用牙齿咬出各种形状并吃掉。**2.** 比比谁咬出的图形更规范，比比谁吃的图形多。

2.5~3 岁

满3岁 宝宝的发展里程碑

语言能力

宝宝能说出身边认识的物品名称，且发音较清晰。宝宝能使用方位词描述过程，用 2~3 句话完成交流。

生活自理能力

宝宝会解扣子、扣扣子，会穿鞋。

认知能力

宝宝对数量概念理解程度加深，能数出 3 个物品，能认识两种颜色。

大运动能力

宝宝能够进行更复杂的运动，比如单脚蹦、双腿交替跳。

社交行为能力

宝宝能理解并遵守游戏规则，与成人和同龄孩子建立了更复杂的关系。宝宝会对成功表现出高兴，对失败表现出沮丧。

精细动作能力

宝宝能够搭 10 块积木，会拉拉链，会拧螺丝。宝宝会画圆、交叉线等图形及线条。

2.5~3岁宝宝的早教要点

★ 鼓励宝宝尝试骑平衡车或带辅助轮的自行车。

★ 准备蜡笔、马克笔或水彩笔，引导宝宝学习正确的握笔姿势并自由创作。

★ 教宝宝使用安全剪刀，并按照线条进行剪裁。

★ 利用简单的道具或物品，引导宝宝进行联想和想象，比如用不同形状和颜色的积木搭建不同的场景或故事，引导宝宝进行描述或表演。

★ 和宝宝玩过家家游戏，比如扮演不同职业，给娃娃穿衣服等。

★ 带宝宝去户外参与探险、观察和体验的活动，比如寻找不同的植物、动物等。

★ 利用日常生活中的物品，引导宝宝认识数字的概念，可以通过积木的数量和顺序的变化帮助宝宝理解数量和顺序关系。

★ 教宝宝认识和使用方位词，比如上、下、前、后等。

★ 和宝宝玩捉迷藏、模型玩具等。

★ 向宝宝解释一些日常生活中的规则和原因，比如为什么不能摸热锅，为什么需要洗手等。

平衡车

蜡笔

积木

认识方位

认识动物

数数

爸爸的运动小健将

在 2.5~3 岁的时候，宝宝的活动能力有了显著的提升，并逐渐展现出对各种活动的浓厚兴趣，同时也需要爸爸更加积极地参与和引导。每个宝宝的发展速度和兴趣点都不同，爸爸需要根据宝宝的实际情况进行针对性的引导和训练。同时，爸爸注意不要给宝宝太大压力，要让宝宝在愉快的氛围中学习和成长。

宝宝来添画 精细动作

游戏目的： 锻炼宝宝手部精细动作，为书写做准备。

游戏方法： **1.** 爸爸教宝宝用正确的握笔姿势使用马克笔，引导宝宝涂鸦。**2.** 在宝宝涂鸦的过程中，爸爸可以在宝宝画得乱七八糟的线条中挑出和某些物体相似的图形问宝宝，“这是不是太阳？我们再给它加上几笔，就更像太阳了”或者“这是不是毛毛虫？我们来给它画上脚吧”。边说边添上简单的几笔。**3.** 爸爸还可以鼓励宝宝画一些笔画较为复杂的线条，比如爸爸画小鱼，宝宝添水纹；爸爸画小鸡，宝宝画小米粒、小虫等。

宝宝渐渐有了自己的想法，如果他不愿意画，爸爸一定不要强迫宝宝画。

保龄球数字大闯关 精细动作

游戏目的： 锻炼宝宝的手部力量和手眼协调能力。

游戏方法： 1. 准备纯净水空瓶若干，彩纸、水彩笔、皮球、空纸盒各一个。爸爸在彩纸上写一些数字或汉字放进瓶子里，每个瓶中放一张。2. 将瓶子按一定距离摆放好，让宝宝在距离瓶子 1 米左右处蹲下，滚动皮球将瓶子撞倒。3. 每撞倒一个瓶子，引导宝宝将彩纸取出并打开，认一认相应的汉字或数字。

人体平衡木 前庭觉

游戏目的： 培养宝宝的冒险和探索意识，增强平衡感和协调性。

游戏方法： 1. 爸爸先保持趴着的姿势。2. 让宝宝从爸爸的脚部爬上爸爸的背部，站在爸爸的背上。3. 爸爸指导宝宝如何保持平衡，引导宝宝尝试踩在爸爸的背上做一些简单的动作，比如调整方向等。

小小理发师 精细动作

游戏目的： 锻炼宝宝的手部精细动作，增进亲子感情。

游戏方法： 1. 爸爸准备一个卷纸筒，画上一个笑脸，准备一张彩纸，剪成条状。注意纸张顶部不要剪断，方便粘贴。2. 将剪好的条状纸用固体胶棒粘在卷纸筒上当成头发。3. 给宝宝一把安全剪刀，引导宝宝练习用剪刀剪头发。刚开始宝宝如果不会，爸爸可以先做示范，当宝宝会用剪刀后，及时给予宝宝鼓励。

拔地而起 前庭觉

游戏目的：培养宝宝的平衡感和身体协调性，锻炼身体控制能力。

游戏方法：1. 爸爸直立坐在爬行垫上，双腿并拢，双膝微屈，双手扶住宝宝腋下，宝宝双脚分别站立在爸爸的两个膝盖上。2. 爸爸身体微微后仰，小腿慢慢收回，再慢慢伸直小腿。宝宝随爸爸双腿的升高和降低而进行被动运动。

传球大作战 大运动

游戏目的：锻炼宝宝的抓握能力、手臂的伸展能力以及双手的协调能力。

游戏方法：1. 爸爸坐着，宝宝站在爸爸身侧。2. 爸爸双手拿球，从腰部左侧平行移动到右侧，轻轻将球传给宝宝，鼓励宝宝用双手接住球。3. 当宝宝成功用双手接住球后，爸爸引导宝宝将球从左侧移动到右侧，再传递给爸爸。4. 重复以上步骤，进行多次传球练习，逐渐增加传球的难度和速度。

小屁股大智慧 大运动

游戏目的： 锻炼宝宝的身体协调性、反应能力和四肢支撑力。

游戏方法： 1. 宝宝俯卧在爬行垫上，双手置于胸前，做好准备姿势。2. 爸爸距离宝宝 1 米处，垂直于宝宝方向坐下，准备向前滚动海洋球。3. 当爸爸向前滚动海洋球时，宝宝需要快速抬起屁股，形成通道来躲避小球。

小龙戏珠 大运动

游戏目的： 锻炼宝宝的身体协调性和跳跃能力。

游戏方法： 1. 在长棍的一头拴上一个小球，确保小球的高度可以让宝宝跳起来够到。2. 爸爸将长棍拿在手中，引导宝宝站在与长棍相隔一定距离的地方。3. 引导宝宝控制自己的身体，跳跃起来用手够球，把它拿下来即为胜利。

小小曲棍球手 大运动

游戏目的： 锻炼宝宝的手眼协调能力、大运动能力。

游戏方法： 1. 准备干净、轻便的扫帚一把，红色、黄色、绿色的球若干，写有数字的纸片若干。2. 把球放在客厅，用两把椅子摆成一个球门。引导宝宝拿着扫帚，把球一个一个推到球门中去，也可以引导宝宝根据爸爸的指令把球推到其他房间去。3. 爸爸将写有数字的纸片分别贴在球上，引导宝宝根据爸爸的指令，按照球上的数字把相应的球推入球门。

爸爸的智慧小达人

宝宝 3 岁时，抽象思维开始萌芽，对事物的属性和关系有了更深层次的理解，因此，爸爸需要更加注重培养宝宝的思维能力。通过互动和引导，可以帮助宝宝建立起更加完整和深入的认知结构，为未来的学习和成长打下坚实的基础。

我给小动物打电话 数学思维

游戏目的：认知 0~9 的数字，会区分，会认读。

游戏方法：1. 爸爸准备一些动物卡片，在纸上写上电话号码，并放在相应动物旁边，告诉宝宝："看，这是小动物们的电话号码，我们知道了号码就能给它们打电话了。" 2. 引导宝宝念出动物们的电话号码，并根据纸上的电话号码给动物们打电话，邀请它们来家里玩。宝宝打电话的时候，爸爸可以扮演动物，和宝宝对话。

如果宝宝还不认识数字，爸爸可以先带宝宝认一认数字再玩这个游戏。

空间小侦探 逻辑思维

游戏目的：培养宝宝的方位感知能力，理解上、下、前、后的概念。

游戏方法：1. 爸爸准备三个动物玩具（比如小狗、小猫和小猴）和一个双层置物架。2. 爸爸告诉宝宝每个动物玩具的名字，并示范将它们放在置物架的适当位置：小狗放在上面一层，小猴放在下面一层。3. 爸爸问宝宝："小狗在哪里？" 引导宝宝回答 "在上面"。4. 引导宝宝尝试自己将玩具放在爸爸提示的正确位置，比如："小猫在小狗的前面，请摆放小猫的位置。"

里外换位游戏 逻辑思维

游戏目的：引导宝宝认识“里”和“外”，培养宝宝的方位感和空间感知能力。

游戏方法：1. 爸爸在地上画一个大圆圈，然后站在圈里。2. 告诉宝宝爸爸会站在圆圈里念儿歌，宝宝需要在圆圈外随时与爸爸互动。3. 开始念儿歌：“一个大圆圈，爸爸站里面，宝宝站外面。爸爸宝宝换一换，宝宝站里面，爸爸站外面。” 4. 和宝宝换位置后，引导宝宝说说现在谁在里面，谁在外面。

天花板上的彩球 科学认知

游戏目的：引导宝宝感受摩擦起电，激发宝宝对科学的兴趣。

游戏方法：1. 爸爸准备各种彩色小气球，一间温暖干燥的房间。2. 吹好气球，在开口处打结系好，拿在手中，在爸爸或宝宝的头发上摩擦一会儿，然后爸爸把气球“送”到天花板上，就可以在那儿待上几个小时了。3. 用其他各种颜色的气球，重复上述过程，或者将气球轻轻放在墙壁上，很快就会有一个彩球的“聚会”了。

气球摩擦头发后，会看到头发立起来，这就是摩擦起电的现象。

自制传声筒 科学认知

游戏目的：引导宝宝感受声音传递，激发对科学的兴趣。

游戏方法：1. 准备两个纸杯、一根长线。在两个纸杯底部用针穿一个小孔，用长线分别从杯底外侧穿进去，在线的两头打好结，做成一个传声筒。2. 爸爸和宝宝各拿一个杯子，拉开点距离，说话的一方要嘴对着杯口，听电话的一方要把杯子扣在耳朵上，用互通电话的方式传递声音。

爸爸的习惯小标兵

在这个阶段，宝宝开始有了更强的自我意识和自主性，并对日常生活的自理产生了浓厚的兴趣。宝宝可能会主动要求自己穿衣服、上厕所等，对于这些尝试，爸爸要给予积极的支持和鼓励，同时也要注意安全，确保宝宝在学习生活技能的过程中不会受伤。

收纳大师 劳动习惯

游戏目的： 培养宝宝的收纳习惯，建立良好的秩序感。

游戏方法： 1. 爸爸和宝宝一起坐在地板上收拾玩具。2. 爸爸拿起一个玩具，询问宝宝应该将它放在哪个类别中，比如"小汽车可以和毛绒玩具放在一起吗"，引导宝宝根据玩具的特性进行分类。3. 爸爸可以进一步引导宝宝观察玩具的颜色、大小、形状等特征，尝试自己进行分类，并放入合适的收纳盒里。

小牙医教刷牙 生活自理

游戏目的： 培养宝宝正确的刷牙习惯，提高口腔卫生意识。

游戏方法： 1. 爸爸准备儿童牙刷、牙膏和牙齿模型，以及小医生的玩具装备，比如口腔镜、手术帽等。2. 爸爸给宝宝介绍游戏规则，告诉宝宝扮演小牙医，负责为爸爸检查牙齿健康并示范正确的刷牙方法。3. 爸爸引导宝宝先展示如何刷牙，然后根据宝宝的刷牙方式给予指导和纠正，可以问一些关于牙齿的问题，比如"小朋友为什么会牙疼"，引导宝宝了解牙齿保健的重要性。

睡前要洗脚 生活自理

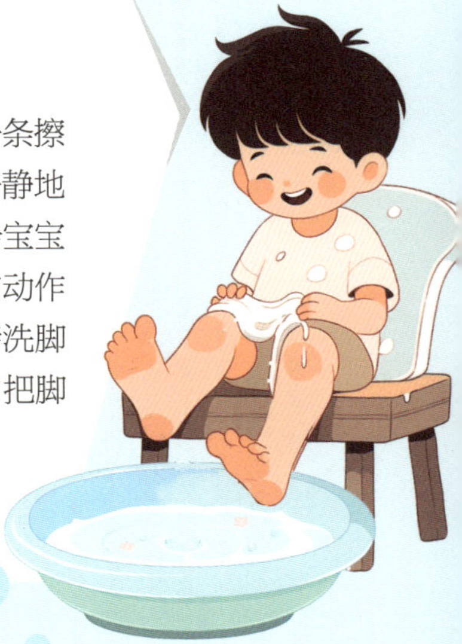

游戏目的：引导宝宝养成洗脚的好习惯。

游戏方法：1. 爸爸准备温热的水、一个洗脚盆、一条擦脚巾。2. 爸爸引导宝宝将双脚浸入水中，安安静静地体会温热的水让脚部血流加快的感觉。3. 爸爸给宝宝搓脚，引导宝宝留心观察爸爸给自己洗脚时手的动作和顺序。如果宝宝要求自己洗，爸爸可以在一旁洗脚做同步示范。4. 洗完后，爸爸告诉宝宝用擦脚巾把脚擦干，倒掉洗脚水，并把擦脚巾晾晒起来。

为娃娃选衣服 生活自理

游戏目的：通过练习搭配衣服，提高宝宝的自理能力。

游戏方法：1. 爸爸为宝宝准备一个玩具娃娃和几套衣物，和宝宝一起玩儿情景游戏。2. 爸爸对宝宝说："我们要带娃娃出去玩，出门前要先给娃娃穿衣服。"然后把衣服和娃娃放在宝宝面前，问宝宝："娃娃头上应该戴什么？夏天应该穿什么衣服？冬天外出时应穿什么？"鼓励宝宝说出答案，并从衣服中挑选出来。3. 和宝宝带玩具娃娃一起出去玩，然后引导宝宝告诉娃娃："天黑了，我们该回家了。"回来后，再引导宝宝给娃娃脱衣服。

3~3.5 岁

满3.5岁 宝宝的发展里程碑

语言能力

宝宝已经掌握了丰富的词汇，自我语言达到高峰，特别愿意与人交谈。宝宝能理解名词、动词、形容词、连词，能够听懂包含 3 个重要词语的句子。

生活自理能力

宝宝能够自己洗胳膊，还会自己擦干。宝宝的睡眠习惯逐渐规律化，夜间睡眠时间延长，白天也会适当午睡。

认知能力

宝宝能够注意到事物的细节和特征，注意力相对更加持久。宝宝能够进行一些初级的逻辑思维和推理活动，比如简单的谜题和智力游戏。

大运动能力

宝宝能够进行更加复杂的运动，比如骑有辅助轮的自行车等。宝宝能踢大球，跑步轻松自如。

社交行为能力

宝宝能够表达更多的情绪，比如高兴、悲伤、愤怒等，并能够用语言来描述自己的情感。宝宝开始关心他人的感受，产生初步的同情心和道德意识，能够遵守一些简单的规则和指令。

精细动作能力

宝宝能够沿着直线用儿童剪刀剪纸。宝宝能够更准确使用手部肌肉来操作物体，比如用笔绘画。

3~3.5岁宝宝的早教要点

★ 要肯定宝宝的每一个小进步。

★ 多带宝宝踢足球、玩篮球。

★ 带宝宝玩秋千、滑梯等户外游戏设施。

★ 帮助宝宝适应集体环境，建立良好的伙伴关系。

★ 在保证安全的情况下，鼓励宝宝练习走直线、走跑交替、攀登等。

★ 指导宝宝学习用折纸折出不同形状。

★ 指导宝宝练习用剪刀剪出简单图形、用橡皮泥捏出简单的形状。

★ 借助日常生活中的物品，比如水果、玩具等，帮助宝宝学习分类的概念。

★ 帮助宝宝学会遵守生活、游戏和学习的规则。

★ 鼓励宝宝自己的事情自己做，独立完成进食、穿衣、大小便等力所能及的事情。

★ 可以通过唱歌、敲打乐器等活动，培养宝宝音乐感知能力和表现能力。

★ 关注宝宝的分离焦虑情绪，引导宝宝适当表达，妥善处理和缓解消极情绪，为进入幼儿园做准备。

★ 带孩子做一些关于情绪识别、表达和调节的游戏。

滑滑梯

踢足球

折纸

剪图形

和其他小朋友互动

唱歌

玩乐器

爸爸的运动小健将

在 3~3.5 岁的阶段，宝宝的体能逐渐增强，对户外活动和体育游戏产生了浓厚的兴趣，爸爸可以带宝宝去公园玩耍、骑带辅助轮的自行车、滑滑梯等，也可以在家里设置一些简单的障碍赛道，引导宝宝尝试穿越和跳跃，或者利用一些家具和小道具，引导宝宝进行攀爬和平衡练习。

套圈圈 精细动作

游戏目的：锻炼宝宝的手眼协调能力和手部控制能力。

游戏方法：1. 爸爸可以准备几个硬挺的帽子和一些小玩具，把它们放在离宝宝 1 米远的位置。2. 引导宝宝拿着帽子套圈，看宝宝可以套中几个。3. 宝宝套中后爸爸要及时鼓励宝宝，增强宝宝的自信心。如果宝宝没有套中，爸爸可以先示范几次，或者将玩具再放近一些，等宝宝套得熟练有信心了，再逐渐加大距离。

当宝宝套圈能力变强后，爸爸可以带宝宝去场地更大的公园玩。

折只小猫咪 精细动作

游戏目的: 有助于锻炼宝宝的手部肌肉和协调能力，使手指更加灵活。

游戏方法: 1. 爸爸准备一张黄色的正方形纸，对角折成三角形。2. 将三角形两边的小角向下折成猫耳朵，将下面的角往上折。3. 把纸反过来，用笔画上眼睛、鼻子、嘴巴和胡须，小猫咪就折成了。4. 爸爸也可以引导宝宝自己动手折小猫咪，折的过程中注意多鼓励宝宝。

猴子捞月 精细动作

游戏目的: 提升宝宝的核心力量，提高伸手抓握的准确性。

游戏方法: 1. 宝宝双脚分别踩在爸爸的两个脚背上，面对爸爸，爸爸扶住宝宝一侧的胳膊或手。2. 宝宝侧着身子用另一只手把散落在地的娃娃捞起，放在指定的筐子里。

爸爸在抓握宝宝的胳膊或手时一定要又稳又牢，不能让宝宝摔着。

树叶作画 精细动作

游戏目的： 培养宝宝对线条、色彩的敏感度，促进宝宝手部精细动作发展。

游戏方法： 1. 爸爸带宝宝去户外捡树叶，把树叶装到袋子里带回家。2. 爸爸在纸上画一个大树干，和宝宝一起给树干贴上树叶。3. 爸爸还可以教宝宝用大拇指和食指合作，将大树叶撕成许多小树叶，然后用拇指和食指将小树叶一张一张地蘸上胶水，贴在树干上，再把多余的胶水用抹布擦干。

临摹形状 精细动作

游戏目的： 锻炼手部精细动作，为书写打下基础。

游戏方法： 1. 爸爸准备一张硬质纸放在桌子上，一个保鲜盒扣放在纸上，用手握住水彩笔，沿着保鲜盒的轮廓描摹，在纸上画出保鲜盒的样子和轮廓。2. 引导宝宝选择自己喜欢的保鲜盒或糖果盒进行描摹。3. 形状描摹好之后，爸爸鼓励宝宝用水彩笔涂上自己喜欢的颜色。

开合跳跃 大运动

游戏目的： 锻炼宝宝的跳跃能力和身体协调性。

游戏方法： **1.** 爸爸将跳绳折成 U 形，平放在地面上，开口处宽度约 20 厘米。**2.** 爸爸先示范一次开合跳：跳起来的时候，双脚向外张开，跳到绳子外面，让绳子位于双腿之间，再跳回原位，双脚落地时，先从脚尖落地，膝盖微弯以减少冲击力。**3.** 鼓励宝宝模仿爸爸的动作，进行开合跳。开始时，宝宝可能需要爸爸的帮助或指导。**4.** 爸爸可以喊出"开""合"指令，帮助宝宝更好地理解和执行动作。

跳跃障碍物 大运动

游戏目的： 引导宝宝学习跳跃的基本技能，提高宝宝身体协调性。

游戏方法： **1.** 准备五根轻便的棍子或塑料棒，爸爸和宝宝相隔 2 米，面对面站立。**2.** 爸爸蹲下将棍子平放在地上，发出指令后将棍子向宝宝的方向滚出，宝宝根据棍子的滚动情况从棍子上跳过去。

摸摸大树跑回来 大运动

游戏目的： 锻炼宝宝的手眼协调能力和大运动能力。

游戏方法： **1.** 天气好的时候，爸爸带上宝宝去郊游，选择林中的空地，引导宝宝自由奔跑、追逐。**2.** 引导宝宝选择一棵大树，以此为终点，跑过去，摸一下大树，再跑回来。**3.** 爸爸还可以和宝宝比赛，一起跑过去，看谁先跑回来。

爸爸的智慧小达人

在这个阶段，宝宝进入幼儿园了，表现出对周围世界强烈的好奇心和探索欲望。宝宝对性别产生初步的理解，爸爸可以引导宝宝观察不同性别的成年人和儿童，需要注意引导宝宝尊重不同性别的个体差异，建立平等意识。注意尊重宝宝的想法和观点，不要轻易否定或嘲笑。

性别大发现 逻辑推理

游戏目的：引导宝宝形成初步的性别意识，分清男孩、女孩。

游戏方法：1. 准备一些男孩、女孩的图片，分别给宝宝看，告诉宝宝哪个是男孩，哪个是女孩。2. 和宝宝简单讨论：图中男孩和女孩头发、服饰等有什么不同。3. 和宝宝一起观察，家庭成员中谁是男、谁是女。

掷球认远近 逻辑思维

游戏目的：认识“近”和“远”，培养宝宝的方位感和空间感知能力。

游戏方法：1. 准备两个小球和一根绳子，将绳子拉直放在地上，爸爸和宝宝分别站在离绳子约 1 米远的地方。2. 爸爸先示范一次，将小球轻轻滚向绳子，并告诉宝宝哪个球离绳更近或更远，离绳更近的则为胜利。3. 引导宝宝尝试自己滚出小球并判断，爸爸可以在一旁指导，及时给予反馈。

变图形 图形认知

游戏目的： 引导宝宝认识图形的同时认识颜色，增强宝宝的握笔能力。

游戏方法： 1. 爸爸先准备几张图画纸、白色蜡笔、水彩画笔、水彩颜料。2. 爸爸事先用白色蜡笔在图画纸上画出一些图形，然后鼓励宝宝用水彩画笔蘸上水彩涂满整张图画纸，这时事先用白色蜡笔画好的图形就会显现出来，可以用这种方法教宝宝认识数字或简单的汉字。

扑克小侦探 图形认知

游戏目的： 培养分类和整理能力，学习按照花色将扑克牌进行分类。

游戏方法： 1. 准备一副完整的扑克牌，确保宝宝对扑克牌上的数字和花色标识有一定的认识。2. 爸爸拿出一张扑克牌作为线索，告诉宝宝这是什么花色，并一起寻找相同花色的其他扑克牌。3. 还可以按照数字大小进行排序或抽牌比大小。

画太阳 科学认知

游戏目的： 引导宝宝了解太阳运行规律。

游戏方法： 1. 爸爸引导宝宝在清晨或傍晚观察太阳，描述太阳的形状、颜色和运行规律，并告诉宝宝要画一个太阳。2. 爸爸先在白纸上画一个简单的太阳形状，并鼓励宝宝尝试自己画太阳。3. 画好太阳后，爸爸可以协助宝宝使用颜料为太阳涂上颜色。引导宝宝自由发挥，选择自己喜欢的颜色为太阳进行涂色。

爸爸的习惯小标兵

在这个阶段引导宝宝参与家务活动时，要根据宝宝的实际能力和兴趣选择合适的任务，避免超出宝宝的承受范围，失去参与的兴趣。

字母擦除战 劳动习惯

游戏目的： 培养宝宝做家务、爱劳动的好习惯，增强宝宝的责任感。

游戏方法： 1. 爸爸准备一张桌子，提前用抹布测试可擦笔是否能轻松擦掉字迹。2. 宝宝和爸爸一起坐在桌子前，爸爸告诉宝宝有“擦除怪”入侵，需要按照指示用抹布“解救”字母。3. 爸爸引导宝宝按照指示找到并擦掉指定的字母，例如，爸爸可以说：“宝宝，请找到字母 A，然后用抹布解救它。”引导宝宝找到指定的字母并使用抹布将其擦掉。

爸爸可以先给宝宝选择扣子大又少的衣服让宝宝练习。

我会系扣子 生活自理

游戏目的： 引导宝宝通过练习系扣子提高双手协调性和自理能力。

游戏方法： 1. 准备一件带扣子的衣服，爸爸先为宝宝示范如何系扣子，再引导宝宝自己尝试练习。2. 宝宝熟练后，爸爸可以给宝宝穿带扣子的衣服，并让宝宝自己系扣子。

摆餐具 劳动习惯

游戏目的：有意识地交给宝宝一些任务，培养责任感。

游戏方法：1. 每次吃饭前把筷子、勺子和碗等餐具放在一起。**2.** 引导宝宝为每个人摆碗筷。刚开始爸爸做更多的辅助工作，为宝宝准备吃饭所需的碗筷，吃饭前，协助宝宝一一摆放给每个人，引导宝宝了解“组合”和“分解”的概念。待宝宝熟悉之后，慢慢让宝宝自己为大家摆碗筷。**3.** 等宝宝能熟练摆碗筷后，爸爸可以向宝宝提问：“爸爸妈妈和宝宝一共 3 个人，我们需要准备几个碗？”注意及时鼓励宝宝：“3 个，对了！宝宝真棒！”

大风和树叶 遵守规则

游戏目的：训练宝宝的听觉记忆能力，学习听指令跑动或停止。

游戏方法：1. 爸爸和宝宝一起到户外，欣赏风吹树叶飘落的景象。**2.** 引导宝宝捡一片树叶，和爸爸一起做游戏。爸爸说“大风来了，树叶飞起来了”时，引导宝宝将树叶高高举起，自由奔跑。爸爸说“风停了，树叶落下来了”时，引导宝宝拿着树叶慢慢停下。**3.** 游戏前，爸爸要提醒宝宝，奔跑时不要着急，避免摔跤。游戏结束后，可以让宝宝将树叶收集起来作为其他活动的素材，比如，树叶画、树叶手工等。

3.5~4 岁
满4岁 宝宝的发展里程碑

语言能力

宝宝可以用完整的句子阐述一个简短的故事，能说出自己的姓名、家庭住址。

生活自理能力

宝宝可以完成简单的家务活动，比如收拾碗筷、扫地等，也可以自己整理床铺、玩具等个人物品。

认知能力

宝宝能够辨认圆形、长方形、正方形、三角形和半圆形等基本图形。宝宝能流利地从 1 数到 10，会玩“剪刀、石头、布”游戏，并开始学习计数，理解输赢的概念。宝宝能够从一组物品中按照某一标准挑选出不同的一个。

大运动能力

宝宝能熟练攀爬，比如爬楼梯等。宝宝开始尝试跳绳和拍球。

社交行为能力

宝宝能够根据不同的目的，与其他小朋友进行协商，理解并表达自己的需求，同时倾听和理解他人的观点。

精细动作能力

宝宝能够稳定地握笔，并能够画出圆形、方形和三角形等基本图形。宝宝学会拉拉链，包括开合拉锁头。

3.5~4岁宝宝的早教要点

★ 提供给宝宝颜料、铅笔或手工材料，引导宝宝自由创作。
★ 与宝宝一起玩简单的游戏，比如飞行棋等。
★ 教宝宝如何拍球、跳绳。
★ 尝试教宝宝认识简单汉字或字母。
★ 给宝宝做简单家务的机会，比如扫地、洗袜子等。
★ 与宝宝自然对话，鼓励宝宝提问和表达自己的想法，使用简单、清晰的语言与宝宝交流，使用连词“然后”“其次”等。
★ 宝宝可能短暂出现“口吃”现象，爸爸妈妈不要过于关注或急于纠正，重要的是鼓励宝宝表达自己的想法，这是正常的语言发展阶段。
★ 不要点评宝宝说话的方式，如果宝宝说得不对，爸爸要先肯定，再用正确的表达方式说一遍。
★ 根据敏感期需求，选择由易到难、适合与宝宝一起阅读、适合宝宝年龄的图书，比如图画书等。
★ 创造更多和其他小朋友一起玩耍的机会。
★ 和宝宝一起探索大自然的奥秘。

画画

做家务

跳绳

阅读

观察大自然

爸爸的运动小健将

此时，宝宝已经能够握笔，这是手部协调能力和精细动作能力提升的重要表现。爸爸可以鼓励宝宝多进行创意美术活动，进一步锻炼精细动作能力。同时，宝宝也可以尝试一些更具挑战性的大运动活动，比如跳绳、过独木桥等。爸爸陪伴宝宝一起玩，给予宝宝必要的指导和鼓励，帮助宝宝逐渐掌握运动技能。

撕图形 精细动作

游戏目的： 培养宝宝手指的灵活性及手部的控制能力。

游戏方法： 1. 准备一张白纸，爸爸提前用针在纸上扎出三角形、圆形、长方形，引导宝宝尝试用手撕出不同的图形。2. 宝宝开始撕图形的时候可能会撕得不像图形，爸爸可以先把撕好的图形放到桌上，引导宝宝发挥想象力，请宝宝说说自己撕了什么，爸爸还可以拿来水彩笔，简单地画上两笔，引导宝宝说出答案。

剪刀石头布 精细动作

游戏目的： 培养宝宝的规则意识和竞争意识，锻炼手眼协调能力。

游戏方法： 1. 爸爸和宝宝面对面站立，一起喊出“剪刀、石头、布”的口号，同时出拳（剪刀、石头或布）。2. 可以增加游戏趣味性和挑战性，比如爸爸和宝宝共同确定一个起点和一个终点，赢的一方可以向前迈一步，输的一方则原地不动，任何一方先到达终点则获胜。

瓜子皮粘贴画 精细动作

游戏目的: 激发想象力，提高手的灵活性。

游戏方法: 1. 爸爸收集瓜子皮等小物品，引导宝宝用这些物品进行创作。2. 准备一张白纸，引导宝宝将瓜子皮用胶水粘上去，提醒宝宝胶水不要放太多，以免粘到手，等粘牢后再松开。3. 等胶水干透后，再用黑色水彩笔画上一条小尾巴，一幅可爱的小蝌蚪图就完成了。4. 之后可以适当加大难度，比如引导宝宝用瓜子皮和开心果壳粘出一只鹤。

当宝宝接住书后，爸爸记得提醒宝宝将书放到指定位置，不可随意乱放。

图书拯救行动 精细动作

游戏目的: 锻炼宝宝快速反应和准确抓握能力。

游戏方法: 1. 爸爸准备十本轻薄图书，将单本图书靠放在距离地面 1.5 米处的墙面上。2. 宝宝面对墙站立，伸出双手做准备。3. 爸爸说“放”，同时放开靠墙图书，让书自由落地，引导宝宝在图书落地前迅速接住它。

书山有路 前庭觉

游戏目的：培养宝宝的平衡感和身体协调能力。

游戏方法：1. 爸爸准备两本轻便的图书。2. 宝宝站在书 A 上，将书 B 拿在手上。3. 宝宝需要用两只脚踩在放于地上的书 A 上，再将书 B 放置前面地上，捡起书 A，踩上书 B，以此类推，交替前进，到达终点。

当宝宝熟练后，爸爸可以限定到达终点的时间，增加游戏的刺激感和趣味性。

踢击高手 大运动

游戏目的：锻炼宝宝的腿部力量和灵活性，反应能力和敏捷性。

游戏方法：1. 爸爸蹲下，双手将枕头举到宝宝伸腿可以够到的高度。宝宝站在爸爸的对面，面对枕头。2. 爸爸指导宝宝用脚踢枕头，要求尽量将枕头踢向爸爸的方向。3. 爸爸可以根据宝宝的踢击方向和力度，适时调整枕头的位置，当宝宝成功踢到枕头时，爸爸可以假装被击中，做出倒地的动作，增加游戏的趣味性。

前进，小推车 大运动

游戏目的： 增进宝宝对上肢力量和平衡感的掌握。

游戏方法： 1. 爸爸指导宝宝双手支撑地面。2. 爸爸握住宝宝的双腿，让宝宝的身体悬空，缓慢向前移动。3. 爸爸可以逐渐增加宝宝的支撑时间。

快乐小跳蛙 大运动

游戏目的： 提高反应能力和敏捷性，锻炼宝宝的跳跃能力。

游戏方法： 1. 准备一根跳绳，将跳绳的一端固定在大树上，确保固定牢固。爸爸拉另外一端，让跳绳完全着地。2. 爸爸引导宝宝站在跳绳的一侧，再轻轻左右晃动跳绳，引导宝宝左右跳动，避免踩到跳绳。3. 可以增加难度，比如增加晃动幅度，甩成圈，引导宝宝跳绳。

跳绳大赢家 大运动

游戏目的： 锻炼宝宝的心肺功能、肌肉力量和耐力。

游戏方法： 1. 爸爸先准备两条毛巾，引导宝宝左右手各拿一条，转动手腕向前甩动毛巾，模拟跳绳时的手部动作。2. 再引导宝宝一边甩动毛巾，一边双脚轻轻跳起，模拟跳绳的连贯动作。3. 动作熟练后爸爸示范真正的跳绳，双手握住跳绳手柄，双脚并拢轻轻跳过绳子，让宝宝尝试跳绳，模仿爸爸动作。4. 还可以让宝宝设定一个小目标，比如连续跳过两次，每完成一次给予宝宝鼓励和奖励。

爸爸的智慧小达人

3.5 岁到 4 岁，是培养思维和认知能力的重要时期。此时，宝宝开始对各种基本图形产生浓厚的兴趣，能够辨认并说出圆形、长方形、正方形、三角形、五角星和半圆形等图形的名称。爸爸可以通过与宝宝一起寻找生活中的图形、玩图形拼图游戏等方式，来加深对图形的认知和理解。

走图形 图形认知

游戏目的: 加深宝宝对图形的认识，增强亲子互动。

游戏方法: **1.** 爸爸带宝宝到一个开阔的场地，用粉笔在地上分别画出三角形、圆形、正方形。**2.** 引导宝宝沿着这些图形的轮廓线，用脚跟挨着脚尖的方式走，然后问宝宝刚刚走的是什么图形，加深宝宝对常见图形的认知。**3.** 等宝宝熟练了之后，将原来的图形擦掉，爸爸说图形，引导宝宝自己画，如果宝宝画对了及时给予宝宝鼓励。如果没有画对，爸爸可以为宝宝指出不对的地方，鼓励宝宝再多尝试几次。

游戏结束后记得和宝宝一起将画的图形擦掉，培养整理的好习惯。

跳一跳 图形认知

游戏目的： 教宝宝认识形状和文字。

游戏方法： 1. 爸爸在户外水泥地上画三间“房子”：一个是圆形的，里面写“宝宝”；一个是正方形的，里面写“妈妈”；一个是三角形的，里面写“爸爸”。2. 爸爸给指令，“宝宝”“妈妈”“爸爸”，与此同时，引导宝宝往相应形状的“房子”里跳。

水果骰子乐 数学思维

游戏目的： 培养宝宝的计数和数学思维能力，引导宝宝了解数与实物的关系。

游戏方法： 1. 爸爸准备一个小果盘，里面放满小粒水果，比如蓝莓、葡萄等。2. 准备一个骰子，爸爸和宝宝轮流掷骰子，按照显示点数从果盘里取出相应数量的水果放入自己的碗里。3. 当一轮游戏结束后，比比看，谁的水果数量更多。

为什么 逻辑思维

游戏目的： 培养宝宝良好的语言表达习惯；培养宝宝的好奇心和逻辑思维能力。

游戏方法： 1. 当宝宝问关于为什么的问题时，爸爸要耐心回答，并尽量用简洁明了的语言解释，比如宝宝可能会问：“为什么鸟会飞？”爸爸回答：“因为鸟有翅膀，所以会飞。”2. 在游戏过程中，爸爸要用“因为……所以……”的句式回答宝宝的问题，帮助宝宝建立良好的语言表达习惯。

爸爸的习惯小标兵

3.5 岁到 4 岁，也是培养良好生活习惯和自理能力的重要时期。此时，爸爸可以引导宝宝参与一些简单的家务活动，比如扫地、擦桌子等，以帮助宝宝建立承担责任的意识。此外，交通安全的教育也是不可忽视的内容。爸爸应该向宝宝传授基本的交通安全知识，比如过马路要走人行横道、看红绿灯等，以确保在日常生活中能够安全地行动。

小小清洁工 劳动习惯

游戏目的： 通过扫地引导宝宝学习基本的清洁方法，培养家务技能。

游戏方法： 1. 爸爸准备一把扫帚和一个簸箕，给宝宝示范正确的扫地姿势和动作。2. 爸爸从屋子的一角向屋子的中央扫，可以先将一个角的垃圾逐渐扫向中央，再扫其他三个角的垃圾，统一堆在屋子的中央。3. 爸爸用簸箕将垃圾清理干净，将扫帚、簸箕放回原来的地方。4. 引导宝宝自己动手练习。

我的小小洗车房 劳动习惯

游戏目的： 引导宝宝在游戏中感受秩序感，培养宝宝清洗物品的习惯。

游戏方法： 1. 为宝宝开一间小小洗车房，准备防水围裙、玩具车、温热肥皂水、抹布、海绵。2. 洗车房开业啦，鼓励宝宝动手把自己的玩具车洗干净。3. 先把玩具车身弄湿，打上肥皂水，用海绵打出泡沫，清理玩具车，再用清水冲干净泡沫，最后用干抹布将车身擦干。4. 清洗干净后，引导宝宝将工具收拾好，放回原处。

我给家人做沙拉 劳动习惯

游戏目的： 引导宝宝积累嗅觉、味觉经验，学习关爱家人，促进社会性发展。

游戏方法： 1. 爸爸准备各种洗净的水果，酸奶或沙拉酱。蒙上宝宝的眼睛，引导宝宝闻一闻、说一说，爸爸准备了什么样的水果。2. 引导宝宝用塑料小刀将香蕉切片，把爸爸削好的苹果切成小丁，草莓切成两半，猕猴桃切片。3. 鼓励宝宝加入沙拉酱或酸奶，搅拌均匀。4. 鼓励宝宝请家人一起品尝，并说说各种味道。

交通指挥官 安全意识

游戏目的： 引导宝宝认识交通工具，了解交通规则。

游戏方法： 1. 准备一个玩具红绿灯和一辆玩具车。在地上设定一个模拟路口，用胶带标出道路和斑马线。2. 向宝宝解释红绿灯的作用和交通规则。3. 引导宝宝扮演交通指挥官，站在路口处指挥交通。爸爸推动玩具车辆，按照宝宝的指令行进。当宝宝喊出“红灯”时，爸爸要立即将车辆停下，等宝宝喊出“绿灯”后再继续前行。4. 和宝宝交换角色玩，爸爸控制红绿灯，宝宝扮司机。

第五章

4~6 岁，培养好奇心，学龄前的准备

4~6 岁的宝宝正处于多种敏感期，也是大脑飞速发展的关键阶段。宝宝开始对特定的事物产生浓厚的兴趣，并努力在幼儿园生活中适应并成长。

在本章节中，爸爸可以充分激发宝宝的好奇心，并培养宝宝的主动性，为上小学做好准备。通过与宝宝一起玩游戏，爸爸可以与宝宝一同探索世界，满足宝宝对知识的渴望。在轻松愉快的氛围中，宝宝将自信地迎接学龄期的挑战，为未来的学习之路打下坚实的基础。

4~4.5 岁

满4.5岁 宝宝的发展里程碑

语言能力

宝宝积累了丰富的词汇，能够轻松理解和运用各种基本句型。宝宝频繁地使用语言作为思考和解决问题的工具。

生活自理能力

宝宝能够独立吃饭、穿衣服、上厕所等，可以独立承担简单家务，比如整理自己的玩具，擦桌子，以及洗一些小物品，如手绢等。

认知能力

很多宝宝开始进入识字敏感期；记忆力提升，可以描述发生过的事情。宝宝还会把无生命物体看作是有生命的，会把玩具当成玩伴。

大运动能力

宝宝能够单脚连续向前跳，单脚站立 10 秒。宝宝能后退，能跳皮筋。

社交行为能力

宝宝能够与同龄儿童进行更复杂的互动游戏。宝宝能够理解并遵守简单的社会规则。

精细动作能力

宝宝能够使用剪刀剪纸。宝宝能够系鞋带和解开简单的结。宝宝能够使用蜡笔或彩色铅笔进行稍微复杂的绘画。

4~4.5岁宝宝的早教要点

★ 教宝宝认识更多图形，比如圆形、三角形、五角星等。

★ 引导宝宝区别平面图形和立体图形，认识长方体、球体等。

★ 鼓励宝宝用语言表达自己的感受和需求，教宝宝逐渐认识并控制自己的情绪。

★ 带宝宝玩猜谜游戏，按形状、颜色等属性将物品归类，帮助认识事物的规律和内在联系。

★ 和宝宝一起念儿歌、讲故事。

★ 和宝宝一起尝试滑板等复杂运动，锻炼身体协调性和平衡感。

★ 玩复杂图形剪纸、拼图和积木游戏，提高宝宝的手眼协调能力和认知水平。

★ 鼓励宝宝多接触社会，教宝宝遵守更多的社会规则，强化乐于助人的意识。

★ 利用具有观察技巧的玩具，比如找不同、拼图等，引导宝宝通过观察和比较找出不同之处或完成拼图任务。

★ 带领宝宝了解简单的科学原理，比如溶解、放大镜等。

★ 带领宝宝玩科学实验类游戏，比如溶解食盐、用放大镜观察植物等。

★ 陪孩子玩过家家、角色扮演等游戏。

★ 鼓励宝宝多和周围小朋友一起玩耍。

爸爸的运动小高手

在这个阶段，宝宝对运动和探索充满好奇和热情。爸爸可以引导宝宝通过玩拼图、拿笔等精细动作游戏，帮助宝宝培养手指灵活性和专注力，同时提升宝宝的手眼协调能力；通过引导宝宝参与跳绳、玩球、跑步等，体验运动的乐趣。

快递箱立体拼图 精细动作

游戏目的：锻炼宝宝的手眼协调能力和精细动作。

游戏方法：1. 爸爸准备快递箱、剪刀、胶带、彩笔，并帮助宝宝把快递箱拆成平面形状，可以拆成几个面，引导宝宝观察箱子的构造和面的关系。2. 引导宝宝尝试重新组装这些平面形状，恢复成原来的快递箱。爸爸可以在旁边给予指导和帮助，但不要完全代替宝宝完成。3. 当宝宝成功组装好快递箱后，引导宝宝用胶带加固箱子的边缘，使其更稳固。4. 引导宝宝使用绘画工具装饰快递箱，可以画上自己喜欢的图案或颜色。

宝宝动手做不仅可以锻炼动手能力，而且对大脑发育有益，但一定要注意安全使用剪刀。

彩色纸条连连看 精细动作

游戏目的： 培养宝宝的颜色辨识能力，为书写做准备。

游戏方法： 1. 爸爸准备两张不同颜色的彩色纸、一张白纸、安全剪刀、双面胶、彩笔。2. 爸爸或宝宝先将两种颜色的彩色纸分别剪成十张 1 厘米长的小纸条，共二十张，然后将小纸条分散地粘贴在空白纸上，确保两种颜色的纸条混合在一起。3. 引导宝宝选择其中一种颜色，用彩笔按照该颜色的纸条进行连线。可以从一个纸条开始连到相同颜色的下一个纸条，直到所有的同色纸条都被连接起来。

左右出击 精细动作

游戏目的： 引导宝宝通过左右手练习，促进手指灵活性和协调性发展。

游戏方法： 1. 爸爸准备至少三种不同颜色的积木，分成两堆放在宝宝左右手边。2. 游戏开始时，爸爸说出其中一种颜色，比如"红色"，宝宝需要迅速用左右手同时抓取对应颜色的积木。3. 可以逐渐增加游戏的难度，比如一次说出两种颜色，引导宝宝用左右手抓取颜色不同的积木。

夹夹乐运球 精细动作

游戏目的： 锻炼宝宝的手眼协调能力和精细动作能力。

游戏方法： 1. 爸爸准备两根小木棍（或是筷子）、一个轻质皮球和一个指定地点（小篮子、桶等）。2. 引导宝宝用两根小木棍夹起皮球，然后将皮球运送到指定地点。在运送过程中，如果皮球掉落，宝宝需要重新夹起并继续运送。3. 为了增加游戏的趣味性和挑战性，可以设置多个指定地点，引导宝宝在不同的地点之间运送皮球；也可以设置一些障碍物，引导宝宝在运送过程中绕行或穿越。

水桶征途 前庭觉

游戏目的： 培养宝宝的平衡感和协调能力。

游戏方法： 1. 爸爸准备一个大号塑料矿泉水桶，装好半桶水，扶着宝宝赤脚站在放倒的水桶上，并扶住宝宝双手，协助宝宝保持稳定，确保宝宝的安全。2. 设定一个终点，引导宝宝尝试用脚滚动水桶，将其移动到终点。

这个游戏特别需要爸爸的力量，爸爸一定要用有力的胳膊扶稳宝宝，防止摔倒。

小小体操运动员 大运动

游戏目的： 提升宝宝对全身肌肉的控制能力。

游戏方法： 1. 爸爸用胶带粘出一条线，引导宝宝练习踩在胶带上行走，规则是脚尽量不要踩在胶带的外面。2. 告诉宝宝一些掌握平衡的方法，比如双臂伸平，手握一根小棍保持平衡等。3. 爸爸可以增加走线的难度，比如引导宝宝走直线、走曲线等。

快速跳起 大运动

游戏目的： 锻炼宝宝的跳跃能力和身体协调性。

游戏方法： 1. 准备十卷未开封的有芯卷纸，爸爸坐在爬行垫上，宝宝站在 1 米开外准备。2. 游戏开始时，爸爸迅速将卷纸滚向宝宝，宝宝需要根据卷纸滚动的速度和方向，迅速做出判断并跳跃闪躲，避免被卷纸碰到。

跨越障碍 大运动

游戏目的： 通过跑步和跳跃锻炼宝宝的全身肌肉群，同时促进骨骼的发育。

游戏方法： 1. 在一块开阔的空地上，画上两条横线，在横线之间呈直线摆上若干个小凳子。2. 爸爸和宝宝站成一条直线后，发令后一起跑向对面的直线，遇到小凳子要尽力跳过去。3. 爸爸要观察自己与宝宝的距离，不能丢下宝宝太远，适当地让宝宝获得几次胜利。

选择的小凳子不能太高，以宝宝能够跳过为基准。

爸爸的智慧小明星

在这个阶段，宝宝的语言能力、图形认知、数学启蒙和科学认知能力都在快速发展，可以通过各种有趣的游戏和活动来提高宝宝的认知能力。爸爸可以带宝宝做一些简单的科学实验和探索活动，让宝宝能够亲身感受到科学的魅力和乐趣，培养他的科学思维能力和观察力。

我的世界 语言能力

游戏目的：激发宝宝的想象力，锻炼宝宝的语言表达能力。

游戏方法：1. 将各种玩具摆放在宝宝面前，让宝宝挑选自己喜欢的玩具。2. 宝宝用自己的想象力将玩具摆放在游戏垫上，创造出喜欢的场景。3. 摆放完玩具后，鼓励宝宝根据摆放的场景讲述自己的故事。爸爸可以给宝宝一些提示和鼓励，让他更加自信地表达自己的想法。4. 如果宝宝对某个角色特别感兴趣，爸爸可以引导他进行角色扮演。比如，故事中有一位勇敢的王子，宝宝可以扮演王子，爸爸可以扮演其他角色或担任旁白。

多变的面团 图形认知

游戏目的：引导宝宝认识长方体、球体，发展空间想象能力。

游戏方法：1. 爸爸准备好小面盆、面粉和水后，在宝宝面前开始揉面，激起宝宝兴趣后，引导宝宝学习揉面。2. 爸爸将面团揉成长方体、球体等多种形状，或是宝宝喜欢的小动物，甚至卡通形象，然后引导宝宝模仿爸爸，捏成他喜欢的有趣形象。3. 爸爸可以给宝宝一把尺子，当作切割面团的工具，鼓励宝宝发挥丰富的想象力，捏出各种各样的面团形象。

图文配对 逻辑推理

游戏目的：提高宝宝图片与文字的对应能力，丰富词汇量。

游戏方法：1. 先拿出人物图片，教宝宝认识不同年龄段人群的称呼，包括爷爷、奶奶、爸爸、妈妈、叔叔、阿姨等。2. 然后拿出文字卡，教宝宝认识与人物对应的汉字。3. 将人物图片摆放在宝宝面前，然后爸爸每次递给宝宝一张文字卡，引导宝宝说出卡片名称，并找出对应的图片，把文字卡放在图片下面。

认识钱 财商

游戏目的：教宝宝认识硬币数值和理解等值换算关系。

游戏方法：1. 爸爸准备硬币：十枚一角，两枚五角，两枚一元，混合在一起。2. 引导宝宝从外观上比较各种硬币面额的大小，进行分类并排序。3. 爸爸把十枚一角硬币和一枚一元硬币放在一起，告诉宝宝两者是等值的关系。以此类推，还告诉宝宝各种面额的纸币之间的等值换算关系。

你一个，我一个 数学思维

游戏目的： 引导宝宝了解 10 以内数的加减。

游戏方法： **1.** 准备 10 个橘子，全部用数字“1”进行标记。**2.** 游戏开始时，爸爸先提出一个数字，比如“5”，引导宝宝拿出 5 个橘子。**3.** 爸爸继续提问，如果宝宝和爸爸要分橘子，该怎么分。**4.** 分橘子的时候爸爸可以说：“宝宝 1 个，爸爸 1 个”，同时引导宝宝执行。**5.** 爸爸要对分给自己橘子的宝宝说“谢谢”，并和宝宝一起快乐地吃橘子。

吸水的毛巾 科学认知

游戏目的： 引导宝宝了解植物纤维的吸水性，培养宝宝的科学思维和好奇心。

游戏方法： **1.** 爸爸准备纯棉毛巾、脸盆，在脸盆中倒入半盆水。**2.** 用手提住毛巾的一端，另一端垂直放入水盆。**3.** 引导宝宝观察毛巾的下端首先被浸湿，然后由下至上，被浸湿的面积逐渐扩大。**4.** 爸爸和宝宝还可以尝试其他材料，比如餐巾纸、棉布等含有植物纤维的物品和化纤布等不含植物纤维的物品，观察吸水面积的变化情况。

会跳舞的圣女果 科学认知

游戏目的： 引导宝宝了解气泡、气体和浮动，培养宝宝的科学思维和好奇心。

游戏方法： **1.** 爸爸准备圣女果、玻璃杯、雪碧（或其他无色碳酸饮料）。**2.** 爸爸打开雪碧注满玻璃水杯，把几个圣女果放入杯子中。**3.** 引导宝宝观察圣女果是否先沉入水底，然后立即浑身带着气泡一边旋转，一边在杯子中上下舞动。

雪碧里的二氧化碳气体会将圣女果浮起来。

白糖和盐不见了 科学认知

游戏目的： 引导宝宝了解溶解的概念，观察物质在水中溶解的过程，培养宝宝的观察力和思考能力。

游戏方法： 1. 爸爸准备两个透明的玻璃杯，分别放入适量的白糖和盐，引导宝宝观察白糖和盐在杯子中的状态。2. 爸爸分别向两个杯子倒入温水，轻轻搅拌，引导宝宝观察白糖和盐在温水中逐渐消失的过程。3. 爸爸再向杯中加入更多的白糖和盐，请宝宝搅拌，引导宝宝观察是不是白糖和盐不再“消失”了，同时告诉宝宝在一定量的水里溶解白糖和盐的量是有限的。

溶解是指一种物质在另一种物质中均匀分散的过程。

眼镜的奥秘 科学认知

游戏目的： 满足宝宝的好奇心，提高宝宝对大小、形状及变化的探究兴趣。

游戏方法： 1. 准备近视眼镜、老花镜、放大镜、报纸。2. 把近视眼镜放在报纸上方，引导宝宝观察镜片中的字与报纸上原来的字相比较是变大了，还是变小了。3. 把老花镜也放在报纸上方，进行比较。4. 引导宝宝用放大镜比较，让宝宝说出三种镜片中哪一种字大小的变化不一样。

爸爸的习惯小模范

在这个阶段，宝宝的合作意识、自理能力、时间管理和社交能力都在逐渐发展。在社交方面，爸爸可以鼓励宝宝多参加一些亲子活动或幼儿园组织的集体活动，让宝宝有机会与同龄伙伴互动。在这个过程中，爸爸可以引导宝宝学会分享、合作和解决问题，培养社交技巧和乐于助人的意识。

比比谁干净 卫生习惯

游戏目的：引导宝宝树立卫生意识，培养良好的卫生习惯。

游戏方法：1. 爸爸指着一组画有小孩的对照图片，问宝宝："哪一个孩子比较脏？" 2. 引导宝宝思考：在屋外可以尽情地玩，但是回到家中应该怎么办呢？ 3. 告诉宝宝手、脚、头不可弄脏，否则会生病，弄脏了会肚子痛。4. 当宝宝弄脏自己的衣服后，爸爸妈妈不要大声训斥他，而是要引导宝宝去洗干净或者换上干净的衣服。

小小面包师 劳动习惯

游戏目的：培养宝宝关心家人的好习惯。

游戏方法：1. 爸爸为宝宝准备切片面包，并提供牛奶、果汁、荷包蛋、火腿切片、生菜、果酱、花生酱、番茄酱、巧克力酱等不同食材。2. 引导宝宝做个小小面包师，为爸爸妈妈准备早餐，按照一定的顺序添加食材，自制三明治。3. 爸爸可以和宝宝讨论应该按照什么顺序做三明治，比如，先放面包，再放荷包蛋等，同时还可以引导宝宝问一问爸爸妈妈爱吃什么，并将相应的食材加进去，学会关心家人。

练习擤鼻涕 生活自理

游戏目的：引导宝宝学会自己解决问题，管理自身形象，养成讲卫生的好习惯。

游戏方法：1. 爸爸准备纸巾，在一旁协助宝宝完成擤鼻涕这个动作。2. 引导宝宝打开纸巾，对折，先捂住鼻子，按住一个鼻孔，同时鼻腔向外呼气，然后对折纸巾，换个鼻孔再擤一次，最后包起纸巾，扔进垃圾桶。3. 爸爸告诉宝宝，当鼻子感到不舒服、堵塞的时候，要主动擤鼻涕。

限时捉小鱼 时间管理

游戏目的：提高宝宝的做事效率，养成不拖沓的好习惯。

游戏方法：1. 爸爸把小鱼卡片穿在细线上，用双面胶固定在绳子上，高度以让宝宝蹦跳时可以碰到为宜。准备好一块表，用于倒计时。2. 引导宝宝在规定的时间内把绳子上的小鱼摘下，放进盒子里。3. 完成后，让宝宝休息一下，再继续游戏，看看与上次相比成绩是否有进步。如果有进步及时给予宝宝鼓励。

我来洗手帕 劳动习惯

游戏目的：引导宝宝体验家务的乐趣，提高生活常识。

游戏方法：1. 准备两块有污渍的白手帕、热水、冷水、一块肥皂和两个盆。2. 将两块手帕分别放入热水盆和冷水盆中，浸泡 5~10 分钟。3. 再将两块手帕用肥皂搓洗，用清水洗涤干净，晒干。告诉宝宝热水洗衣服更干净，因为热水可以提高衣服上污渍的溶解性。

4.5~5 岁

满5岁 宝宝的发展里程碑

语言能力

宝宝能够讲述较长且连贯的故事。宝宝开始理解并使用成语和俗语。宝宝能够用语言清晰表达自己的情感和需求。宝宝能够理解和回答更复杂的问题。

生活自理能力

宝宝能够自己独立穿脱衣服，包括有拉链或纽扣的衣物。

大运动能力

宝宝能够单脚跳、拍球、投掷沙包、躲闪，能跳高于 25 厘米的横杆，双手抓单杠能吊起 20 秒左右。

认知能力

宝宝对数字和数量的理解增强，能够进行简单的加减法。宝宝开始对自然和科学现象表现出兴趣。宝宝对汉字和汉字的发音有基本的认识。

社交行为能力

宝宝能够与同龄伙伴建立更深入的友谊关系。宝宝在团队活动中表现出更高的合作意愿和能力，开始对规则和公平有更深入的理解。

精细动作能力

宝宝能熟练使用筷子，折纸时能将边角对齐，会用笔画出圆形、方形等形状。

4.5~5岁宝宝的早教要点

- ★ 教宝宝学习打羽毛球。
- ★ 教宝宝骑没有辅助轮的自行车，提高平衡能力和协调能力。
- ★ 引导宝宝自己种植一盆植物，观察生长情况，比如苍耳、多肉等。
- ★ 鼓励宝宝观察自然界的现象，并进行简单的科学小实验，比如了解声音、光线、颜色等。
- ★ 通过游戏、歌曲等方式向宝宝介绍汉字及其发音，为将来的阅读打下基础。
- ★ 鼓励宝宝讲述自己的经历或想象的故事，培养语言表达和逻辑思维能力。
- ★ 通过故事、歌曲等方式教宝宝一些简单的成语和俗语，丰富宝宝的语言储备。
- ★ 教宝宝学会合理分配零花钱，管理自己的钱。
- ★ 教宝宝理解并遵守简单的规则，比如轮流玩、分享等，培养公平意识。
- ★ 通过日常生活中的实例，教宝宝数数、比较数量，并进行 10 以内的加减法运算。

学打羽毛球

骑自行车

观察植物生长

做游戏

学理财

1+2=3

学习加减法

爸爸的运动小高手

这一阶段是宝宝非常活泼好动的时期。宝宝不易疲劳，参加活动积极性高，用“精力充沛”来形容 4.5~5 岁的宝宝非常贴切。宝宝的身体会有突飞猛进的发展：协调性更强，会单脚跳、双脚跳，手眼协调能力大大提高。

跳格子 大运动

游戏目的： 锻炼宝宝的跳跃能力；帮助宝宝认识数字。

游戏方法： **1.** 爸爸用粉笔在地上画一些格子，并填上数字。格子数量要控制在 10 以内。**2.** 让宝宝从 1 开始，用双脚来跳格子，边跳边引导宝宝念出数字：1、2、3、4…… **3.** 爸爸可以向宝宝提问，比如宝宝跳到写有“4”的格子时，可以问宝宝：“你现在跳到的格子上写着数字几？上一个格子是几？”加强宝宝对 1~10 数字的认知。

爸爸引导宝宝按照1~10的顺序跳，或者自由跳跃，辨读、记忆所跳的数字。

双塔争高 精细动作

游戏目的：使宝宝的手指肌肉动作变得更加灵活和精准，培养宝宝双手协同能力。

游戏方法：1. 准备至少二十块积木，分成两堆放在宝宝左右手边。2. 在游戏开始前，先教宝宝如何用双手同时抓取和垒积木，保持平衡。3. 宝宝需要用左右手同时抓取积木，并尝试在左右两边同时垒起两座塔。爸爸在旁边给予指导，尽量不让积木倒塌。

釜底抽薪 精细动作

游戏目的：增强宝宝对结构稳定性和平衡原理的初步理解，提高手眼协调性。

游戏方法：1. 爸爸准备一些不同颜色的长条积木。2. 爸爸先示范将三根长条积木搭成一层，交错叠高成塔（或者其他叠法），垒高两层，然后引导宝宝继续向上搭高。3. 搭好积木后，爸爸和宝宝轮流掷骰子决定抽取哪种颜色或哪一层的积木，注意抽取的积木要放在木塔的顶层，在抽取和放积木的过程中木塔倒塌则算输。

此游戏需要爸爸和宝宝都有十足的耐心，坚持下去可是能够锻炼意志力哦！

小杯扣球 精细动作

游戏目的： 提升宝宝的反应速度和准确性，锻炼手眼协调能力。

游戏方法： 1. 爸爸和宝宝面对面坐在桌子两边。2. 爸爸将乒乓球轻轻地推向宝宝，宝宝需要准确地用杯子扣住球，防止球滚落。3. 当宝宝能够熟练扣住球时，爸爸可以逐渐增加推球的力度和速度，提高游戏的难度。

气球小卫士 大运动

游戏目的： 有效锻炼宝宝的大肌肉群，提高身体的协调性和灵活性。

游戏方法： 1. 准备一个气球、一把成人羽毛球拍和一把适合宝宝使用的幼儿羽毛球拍。2. 爸爸用羽毛球拍将气球轻轻地向宝宝拍去，同时鼓励宝宝用同样的方式回拍气球。3. 宝宝接到气球后，再用羽毛球拍将气球回拍给爸爸，用球拍守护气球不落地。

转转小风车 精细动作

游戏目的： 锻炼宝宝手部的控制能力及灵活性。

游戏方法： 1. 爸爸指导宝宝把正方形纸摊开，从四个角向中心画好四条线，用剪刀沿线剪开，注意中心不要剪断。把剪开的四个小角按顺时针粘在一起，用图钉轧在筷子上。2. 爸爸可以带宝宝一边做风车，一边念一首儿歌：

> 方块纸，剪 4 瓣，4 个小角粘一块儿，
> 钉上筷子手中拿，迎风跑动转圈圈。

金锅盖，银锅盖 精细动作

游戏目的： 训练宝宝的反应能力和手眼协调能力，增强宝宝对手指的控制力。

游戏方法： 1. 爸爸伸出一只手，手心向下，成伞状，引导宝宝用一只手的食指顶住爸爸的手心。2. 爸爸与宝宝一起念儿歌："金锅盖，银锅盖，抓到哪个不要怪。"3. 儿歌念完时，爸爸快速握紧拳头，宝宝及时抽回自己的食指，避免被爸爸抓住。如果宝宝的手指被抓住了，爸爸可以假意抓住不放，逗宝宝开心。4. 爸爸与宝宝可以交换角色玩。

双脚腾空小玩家 大运动

游戏目的： 通过锻炼大肌肉群，提高宝宝的平衡感和身体协调性。

游戏方法： 1. 爸爸在爬行垫上散落 3~5 个玩具，并准备一根结实的长棍，爸爸在爬行垫上保持站立姿势，宝宝双手抓住长棍中间。2. 爸爸手持长棍两端，慢慢抬高长棍，让宝宝双脚离地，鼓励宝宝用双脚去夹玩具放进篮子中。

当宝宝力量越来越强时，可以试着让宝宝将玩具用脚抛向指定的筐中。

小脚丫大力士 大运动

游戏目的： 锻炼宝宝的腿部肌肉和夹取物体的能力。

游戏方法： 1. 爸爸准备一些小玩具，比如软质球、毛绒玩具等。2. 引导宝宝平躺在爬行垫上，用双脚夹起玩具。3. 宝宝稍微向前倾斜双脚，蓄力用脚将玩具向上抛出。

爸爸的智慧小明星

4.5~5 岁的宝宝思维十分活跃，对新奇的事物充满兴趣，具有了解世界的好奇心和求知欲，渴望找到事物之间的联系。

会发声的玻璃杯 科学认知

游戏目的： 通过观察和体验，帮助宝宝了解声音的产生、传播以及振动现象。

游戏方法： **1.** 爸爸需要提前准备三个同样的透明玻璃杯，一把勺子。**2.** 在玻璃杯中各加入不等量的水。**3.** 引导宝宝用勺子轻轻敲击玻璃杯，再用食指蘸着杯中水，轻轻在杯子上沿来回移动，杯子就会发出颤动的声音。**4.** 引导宝宝比较不同杯子发出的声音高低有什么不同。

当湿手在玻璃杯上移动时，玻璃杯发出的声音会有所变化，甚至会感觉到水面轻微的颤动。

小小园丁 科学认知

游戏目的： 培养宝宝的观察力、耐心和责任感，让宝宝了解植物生长的基本过程。

游戏方法： **1.** 养一株植物，使用喷壶或小型水壶给植物浇水，确保土壤湿润但不过于潮湿。**2.** 在植物旁边放置一个尺子或标记物，用于记录植物的高度变化。同时，可以鼓励宝宝用绘画的方式写种植日记，记录每天的观察和发现。**3.** 当植物长到一定高度或开花结果时，可以组织一个小型的收获仪式：让宝宝亲手采摘自己种植的果实或花朵，并与其他家庭成员分享自己的喜悦和成就感。

硬币消失了 科学认知

游戏目的：引导宝宝通过观察事物，了解光的折射现象。

游戏方法：1. 爸爸提前准备底部拱起的透明玻璃杯、水、硬币。硬币放在桌面上，把玻璃杯放在上面，让硬币恰好放在杯底拱起的凹槽内。2. 先引导宝宝从上面和侧面观察硬币，再向杯子中加满水，再引导宝宝发现：从上面仍能看到硬币，从侧面看硬币却消失了。

飘浮的气球 科学认知

游戏目的：引导宝宝通过有意识观察，初步认识空气的浮力。

游戏方法：1. 爸爸提前准备气球、棉线。把两个同样规格的气球吹起来，一个吹得大些，一个吹得较小，用棉线扎好。2. 宝宝双手各拿一个气球，从同一高度同时放下，观察哪个气球在空中飘浮的时间长。

调色大师 科学认知

游戏目的：通过对颜色变化的观察，提高宝宝色彩认知能力。

游戏方法：1. 给宝宝穿上小围裙，引导宝宝自己动手做实验。2. 把红色颜料和水混合，注入两个一样的玻璃瓶中，提醒宝宝魔术开始。3. 在一杯兑好的红色颜料水中，缓缓加入黄色颜料，引导宝宝仔细观察颜色的变化。4. 在另一杯红色颜料水中，缓缓加入蓝色颜料，同样引导宝宝仔细观察颜色的变化。

爸爸的习惯小模范

在宝宝成长的过程中，学会选择和购买需要的物品是一个重要的里程碑。这不仅有助于培养宝宝的决策能力和自主性，还可以促进宝宝的社会技能和金钱管理能力。通过早教游戏的方式，爸爸可以引导宝宝学会理性选择购买的物品。

爱心捐款 财商

游戏目的：教宝宝树立正确、积极的金钱观。

游戏方法：1. 鼓励宝宝把自己的零用钱积累下来，放在存钱罐里。2. 爸爸定期带宝宝去福利院看望孤儿、弃婴和残障儿童，给宝宝讲他们的遭遇。3. 爸爸从自己的存款中拿一部分给福利院儿童买一些日用品，带宝宝一起送到福利院。4. 鼓励宝宝拿出自己的部分零用钱，送给需要帮助的人。

如果宝宝没有想法，爸爸可以给一些提示，比如扮演爸爸妈妈做饭等。

过家家 劳动习惯

游戏目的：引导宝宝学会如何礼貌地接待客人，并增强解决问题的能力。

游戏方法：1. 爸爸为宝宝准备仿真的厨房、家居玩具，邀请邻居小朋友一起玩过家家的游戏。2. 爸爸鼓励宝宝发挥自己的创造力和想象力，设计有趣的游戏和活动。3. 如果宝宝之间出现矛盾，鼓励宝宝用协商的方式自己解决问题。

逛超市认价格 生活自理

游戏目的：引导宝宝认一些物品的价格，对物品的市价有一定的了解，为以后独立购物做准备。

游戏方法：1. 爸爸平时去超市的时候可以带上宝宝一起。2. 重点找一些 10 元以内的价格标签，引导宝宝认一认数字。3. 可以指着标签问："请宝宝帮爸爸看一看，这个标签上都有什么数字啊？"鼓励宝宝说出标签上的数字，并把价格的正确读法读给宝宝听。4. 宝宝回答正确的时候，爸爸要及时表扬："宝宝真棒！"

我是老板 生活自理

游戏目的：引导宝宝通过特定场景学会独立选择和购买需要的物品。

游戏方法：1. 准备若干玩具，逐一摆好，爸爸先扮演商店老板，向宝宝介绍商品，比如："这是小汽车，它有喇叭，装上电池后一按就会响，你喜欢吗？你想买吗？"再告诉宝宝："这个 10 块钱。"宝宝如果觉得合适，就把小汽车"买"回去。2. 接着由宝宝扮演商店老板，爸爸扮演顾客，顾客可以和小老板说"我要买毛绒小狗""小狗多少钱一只"等，引导宝宝为爸爸介绍商品。

5~5.5 岁

满5.5岁 宝宝的发展里程碑

语言能力

宝宝能用丰富的句子更生动形象地表达自己的想法和感受，能使用比喻和隐喻等修辞手法。

生活自理能力

宝宝可以开始学习一些自我管理技能，比如管理自己的时间和日程、零用钱和物品等。

认知能力

宝宝能够理解简单的时间概念，比如小时、分钟等。宝宝会使用简单的地图和导航工具。宝宝能够理解简单的科学原理和实验方法。

大运动能力

宝宝能够进行更复杂的体育运动，比如游泳、滑雪等。宝宝能够玩一些需要合作的团体运动和比赛，能够熟练地玩球类运动，比如，足球中的射门、传球等。

社交行为能力

宝宝能够应对社交活动中出现的冲突和分歧，在团队中扮演不同角色并承担责任。

精细动作能力

宝宝开始对书写产生兴趣，尝试书写自己的名字和简单词语。

5~5.5岁宝宝的早教要点

★ 教宝宝球类运动的具体技巧，比如运球、投篮等。

★ 教宝宝在日常生活中认识时间，比如通过吃饭时间、睡觉时间来加深对时间单位的理解。

★ 培养宝宝制订计划的习惯，并鼓励宝宝完成计划。

★ 教宝宝认识地图、地球仪等，认识生存的地球。

★ 教宝宝如何识别方向和地点，培养安全意识。

★ 创造机会让宝宝体验不同职业，比如假装游戏或参观职业体验馆等。

★ 在生活中运用场景引导宝宝学习使用修辞手法来表达复杂的概念和情感，增加语言表现力。

★ 教宝宝在遇到冲突和分歧时，通过沟通、协商或者寻求帮助等方式来化解矛盾。

★ 教宝宝整理个人的物品，学会归类和收纳。

★ 引导宝宝参与团体运动和比赛，培养竞技精神和团队协作能力。

★ 鼓励宝宝观察身边的现象，比如物体的惯性、热胀冷缩等，并进行简单的科学小实验。

制订时间计划

打篮球

比赛

整理物品

做实验

爸爸的运动小高手

5 岁之后，宝宝的平衡能力、力量、耐力、速度和灵敏度有了进一步的发展。爸爸可以在继续练习宝宝的速度和灵敏度的同时，再带领宝宝玩一些需要团队合作的运动，引导宝宝在体验如何快速改变身体位置的同时，完成扔球、接球、躲闪跑、急跑、急停等动作，以及感受团队协作带来的成就感。

射击游戏 精细动作

游戏目的： 引导宝宝通过指令做出准确的手部动作，提升手眼协调能力。

游戏方法： 1. 爸爸和宝宝面对面站立（或坐），爸爸充当射击人员，宝宝充当射击目标。2. 爸爸选择宝宝身上的某个部位作为目标进行假想射击，同时模拟手枪射击的动作，在射击的同时喊出射击的部位，宝宝需要作出快速反应，用手触摸相应的身体部位。比如爸爸喊“左耳朵”，宝宝要快速用手触摸左耳朵。3. 游戏中的“枪手”和“靶子”角色可以交换，也可以采取记分制增加难度。

在游戏的互动中，爸爸和宝宝会变得更加亲密。

数字手指舞 精细动作

游戏目的：通过左右手练习，提高宝宝的手指灵活性。

游戏方法：1. 引导宝宝把左手放在白纸上，用彩笔勾勒出五根手指的形状，并在纸上的每根手指上方标上数字1~5，再在空白处按照同样的方法画上右手手指，数字可以按照规律排列，也可以随机排列。2. 宝宝把双手按在手指的轮廓内。3. 爸爸说出数字，宝宝抬起相应的左右手手指。

请你跟我这样做 大运动

游戏目的：引导宝宝认识空间方位左右，培养跳跃技巧。

游戏方法：1. 爸爸与宝宝面对面，当爸爸说“请你跟我这样做”时，引导宝宝回答爸爸“我就这样跟你做”，并模仿爸爸的动作或表情。2. 爸爸伸左手，宝宝伸右手；爸爸踢右腿，宝宝踢左腿；爸爸双脚一同往前跳，宝宝也双脚一同往前跳。

蒸汽小火车 精细动作

游戏目的：激发宝宝的创造能力，培养做手工的兴趣，增加手指灵活性。

游戏方法：1. 爸爸准备长方形药盒、瓶盖、小瓶、小螺丝、曲别针、锥子、彩色卡纸和双面胶。2. 爸爸帮助宝宝剪掉药盒的一面，当作车厢，在各车厢下部用锥子扎两个孔，用瓶盖做轱辘，用小螺丝和曲别针把车厢连起来。3. 宝宝用长方形药盒当火车头，用彩色卡纸剪出一扇门和一扇窗，贴在火车头上。在火车头上部剪出一个洞，把小瓶倒着插进去做烟囱。

开合跳，长高高 大运动

游戏目的：提高宝宝的协调性和平衡感；增强宝宝的下肢力量和爆发力。

游戏方法：1. 爸爸先准备两瓶矿泉水，一首动感音乐。宝宝双腿并拢，双手放在身体两侧。2. 音乐播放，引导宝宝开始一组动作：进行双腿开合跳，跳开时弯腰捡起一瓶矿泉水，跳合时恢复站立姿势。重复这一动作，直到宝宝双手各捡起一瓶矿泉水。然后，宝宝继续进行双腿开合跳，跳开时将双手中的矿泉水依次放回身前，跳合时再次恢复站立姿势。如此往复，直到所有矿泉水都被放回原位。3. 根据宝宝体能，一次可以选择做 3~5 组动作。

接书小将 大运动

游戏目的：锻炼宝宝大肌肉群、身体协调性和反应速度，加强宝宝对空间感知和距离判断的能力。

游戏方法：1. 爸爸准备十本轻薄图书，将单本图书靠在墙面上放置。宝宝垂直于墙面躺在爬行垫上，光脚踩在墙面上。2. 爸爸发出指令，放开靠墙图书，让书自由落地，宝宝在图书落地前迅速用脚踩向墙面，接住图书。

图书一定要选的轻薄，以防书落下砸到宝宝，切记安全第一。

枪林弹雨 大运动

游戏目的：培养宝宝的反应能力、灵活性和快速决策能力。

游戏方法：1. 在地上划出一条隔离线，爸爸站在线外，距离宝宝 1~2 米。2. 爸爸朝宝宝扔毛绒玩具，比如毛绒球、毛绒动物等。3. 宝宝需要躲避毛绒玩具，可以选择用躲闪、转身、跳跃等方式来躲避，宝宝也可以尝试用手接住毛绒玩具，增加游戏的趣味性。

纸杯叠叠乐 大运动

游戏目的：锻炼宝宝的脚部肌肉和协调能力。

游戏方法：1. 准备十个一次性纸杯，依次放在爬行垫上，排成一列，每个杯子间隔 15 厘米左右。**2.** 爸爸和宝宝坐在纸杯前，确保脚可以轻松地夹起纸杯。**3.** 游戏开始时，爸爸和宝宝同时用脚夹起靠近自己的最外侧纸杯，然后轻轻地摞在第二个纸杯上，再将第二个纸杯摞在第三个纸杯上，直到所有的纸杯都被摞在一起为止。

炸碉堡 大运动

游戏目的：锻炼宝宝身体协调性和反应速度，提高体能和协调能力。

游戏方法：1. 选择一块空地，在地上划出一条出发线，在距离出发线 5~10 米远处放置一个纸箱，假定为敌人的"碉堡"，在出发线和"碉堡"之间可以放置一些纸箱之类的物体作为掩蔽物（或障碍物）。**2.** 鼓励宝宝接受炸"碉堡"的任务，手拿"炸药包"（可以是宝宝的小靠垫），做好出发的准备，爸爸担任指挥官。**3.** 宝宝出发，奔向"碉堡"，爸爸喊"敌人飞机轰炸，卧倒"，宝宝迅速卧倒在地上，飞机轰炸过后，宝宝继续前进，当爸爸喊"敌人机枪扫射"时，宝宝迅速靠近附近的"掩蔽物"隐蔽，爸爸说"敌人机枪扫射完毕"，宝宝继续前进。**4.** 最后，宝宝到达"碉堡"旁，将"炸药包"扔进"碉堡"，迅速返回，胜利完成任务。

爸爸的智慧小明星

在宝宝的成长过程中，了解不同职业和城市是拓展宝宝视野和认知的重要一环；教宝宝学会区分不同时间点，可以培养宝宝的时间管理能力。和宝宝一起玩早教游戏不仅可以丰富宝宝的知识储备，还可以激发他的好奇心和探索欲望。

地图我来画 空间感知

游戏目的： 引导宝宝建立前、后、左、右等概念，培养辨别方向以及动手的能力。

游戏方法： 1. 爸爸利用和宝宝在家附近散步的时间，向宝宝介绍家附近的环境，比如门口有便利店，左边有银行，右边有超市等。2. 如果遇到十字路口或需要左右转的时候，可以多向宝宝解释，引导宝宝了解方向。3. 和宝宝多走几趟，让宝宝熟悉，然后和宝宝一起画出属于自己的地图。地图完成之后，可以跟宝宝一起拿着地图去验证一下。

小小快递员 地理认知

游戏目的： 引导宝宝通过情景再现的方式了解不同的职业、不同的城市。

游戏方法： 1. 爸爸先引导宝宝把包裹放到小书包里，宝宝扮演快递员，爸爸扮演收件人。2. 爸爸坐在沙发上，宝宝先在房间转一圈，再来到爸爸面前假装敲门。3. 爸爸假装开门，并问："你是谁？" 宝宝回答："我是快递员，这有你的包裹。" 爸爸接着问："哪来的包裹呀？" 宝宝说："北京。" 然后宝宝拿出一个包裹给爸爸，爸爸接过包裹说："谢谢你。" 宝宝说："不客气。" 4. 重新开始游戏，注意每一次快递员回答包裹从哪来时，不可重复之前说过的地方。

给盲人指路 空间感知

游戏目的： 引导宝宝理解和遵循特定指示，有助于培养注意力、空间感知和解决问题的能力。

游戏方法： **1.** 在地上画两条直线，在两条直线之间散乱地放置几个小纸箱。**2.** 蒙上宝宝的眼睛，爸爸指路，提示：向前、左转、右转等。**3.** 宝宝根据指示前进，直到走到对面的直线为止，两人交换角色后继续游戏。爸爸可以给宝宝计时，看看谁用的时间短。

时针和分针 认识时间

游戏目的： 引导宝宝初步掌握时针和分针的关系，学会看整点时间。

游戏方法： **1.** 找一只旧钟表，告诉宝宝关于时间的故事，教宝宝认清时针和分针。**2.** 先引导宝宝自己动手调整钟表，初步了解转动时针、分针的规律。**3.** 说出一个整点时间，引导宝宝用“矮胖胖”的时针和“瘦长长”的分针表示出来。**4.** 在游戏过程中，告诉宝宝时间的宝贵。

披萨分分乐 数学思维

游戏目的： 引导宝宝初步理解等分的概念。

游戏方法： 1. 爸爸准备好两张一模一样的圆形纸当作披萨，把其中一张纸沿着直径进行对折，另外一张纸随意折叠，然后沿着折痕把两张纸剪开，引导宝宝进行重叠比较。**2.** 第一份完全重合的两张纸大小是一样的，第二份引导宝宝说出大小不一样，并通过比较指出哪个大、哪个小。**3.** 爸爸可以告诉宝宝，把一个物品变成两个一模一样大小的，就叫等分。

叶子探秘 科学认知

游戏目的: 丰富宝宝对自然界中叶子形态、颜色及特征的认知。

游戏方法: 1. 爸爸带宝宝一起到公园、小区绿地等户外收集不同形状、颜色和大小的叶子。2. 回到家中，爸爸将叶子放在桌子上，引导宝宝用放大镜仔细观察叶子的形状、颜色、叶脉等特征。引导宝宝描述叶子的特征，并用图画和文字记录在记录本上。3. 让宝宝尝试根据叶子的特征进行分类，爸爸可以给予适当指导和帮助。

吹“小桥” 科学认知

游戏目的: 了解气流、速度与压力。

游戏方法: 1. 爸爸准备剪刀、若干 A4 纸。2. 将纸裁剪成细长纸条，两端都折起一样的长度，立起后成为一座“小桥”。3. 把“小桥”横放在面前，引导宝宝对着“桥洞”使劲吹气。不管桌面多光滑，“小桥”就是吹不走，再使大点劲，它会凹下去但也吹不走，好像把桌面抓得更牢了。

因为空气会从小桥的下面钻过，使桥下的空气压力小于桥上的压力。

脸上的小瓶儿 科学认知

游戏目的： 引导宝宝了解大气压力，学习知识。

游戏方法： 1. 爸爸准备 10 毫升口服液玻璃小瓶，将瓶塞清理掉，使小瓶瓶口表面光滑洁净。2. 爸爸演示在瓶口用力吸气，此时瓶子便会牢牢吸在嘴唇上，再用手扶着小瓶从嘴唇慢慢移动到脸上其他地方，再移动到脑门儿上，小瓶始终会被吸得很牢靠。3. 爸爸指导宝宝尝试，要注意安全使用小药瓶，避免破碎，发生意外。

因为瓶子里气体的压力小于瓶子外的大气压力，所以瓶子就被吸住了。

测测小手的温暖度 科学认知

游戏目的： 引导宝宝了解热胀冷缩的现象。

游戏方法： 1. 爸爸准备透明玻璃瓶、透明塑料吸管、碎布头、橡皮泥、水。2. 爸爸将水加入玻璃瓶中，水量以瓶子高度的三分之一为宜。3. 用碎布头在吸管的一处缠绕到一定厚度，同吸管一起充当瓶塞把瓶口塞紧，并保证吸管插入水面以下，再用橡皮泥把瓶口外密封。4. 引导宝宝用手握住瓶子，再放开，观察吸管内水的高度变化情况。可重复几次。

如果手不够热，可以让宝宝事前搓一搓。

爸爸的习惯小模范

宝宝在这个阶段的成长过程中，学会管理时间、处理冲突，以及学习如何在走失时保持安全是非常重要的技能。爸爸可以在宝宝的生活中融入关键技能的训练，帮助宝宝建立自我管理和安全意识。

要回自己的玩具 解决冲突

游戏目的： 引导宝宝强化自主意识，勇于争取自己的利益。

游戏方法： **1.** 小朋友们在一起玩耍的时候，经常会互相交换玩具，等准备回家时，爸爸鼓励宝宝自己要回自己的玩具。**2.** 爸爸引导宝宝说："那是我的玩具，我要回家了，请你还给我。" **3.** 如果对方不肯把玩具还给宝宝，需要引导宝宝自己想办法。

告诉宝宝一定不可以用暴力的方式抢回玩具。

有进步啦 自我管理

游戏目的： 培养宝宝坚持学习的习惯。

游戏方法： **1.** 为宝宝做一个英语字母学习进度表格，贴在室内显眼的位置，用来记录宝宝英语学习的进步。**2.** 表格中设置阶梯式的进度，例如：A. 会说英语"one""two""three"；B. 会用英语报数 1~10；C. 会唱英语小儿歌《one two three》。**3.** 宝宝每达到一个目标，都要记录下来，并拥抱宝宝，让宝宝感知爸爸的喜悦和鼓励。

家的线索 安全教育

游戏目的： 通过地图了解城市及居住环境信息，对宝宝进行安全教育。

游戏方法： 1. 爸爸提前准备地球仪、中国地图、居住城市的地图。2. 引导宝宝在地球仪上找出中国的位置，在中国地图上找出自己居住的城市。如果宝宝的奶奶家或姥姥家在外地，也可以引导宝宝在地图上指认出来。3. 引导在本市地图中找到自己家的位置，知道自己居住的城区。4. 模拟宝宝不小心走失的情景，教宝宝记住家的线索，还可以教宝宝记住区号、所住街道的名称，以及家人的电话号码。

睡前静默练习 生活自理

游戏目的： 引导宝宝增强专注力，学会管理自己的睡眠状态，养成良好的睡眠习惯。

游戏方法： 1. 让宝宝舒服地躺好，逐一调整放松身体的每一个部位。爸爸需用语言指导整个过程，而且语言要有很强的暗示性，比如“现在放松你的背部，你感到很轻松”。放松的顺序从头顶一直到脚趾。2. 引导宝宝倾听周围的各种声音。这时候，以前那些轻微的几乎都注意不到的声音好像都可以听到了，比如时钟的滴答声、爸爸轻轻走路的声音……直到宝宝入睡。在睡前进行静默练习非常有助于入睡。

5.5~6 岁

满6岁 宝宝的发展里程碑

语言能力

宝宝能够讲述更长、更复杂的故事，包括虚构和真实事件，并能加入自己的想象和创意。宝宝能够进行初步的自我介绍和描述自己的家庭、朋友、学校等信息。

生活自理能力

宝宝能够自己独立洗澡、洗头和梳理头发，保持良好的个人卫生习惯。宝宝能够独立使用各种公共设施，比如公共卫生间、电梯等。宝宝开始学习如何管理自己的时间和日程安排，比如制订简单的计划表等。

认知能力

宝宝能够进行初步的逻辑推理。宝宝能够理解并解释更复杂的社会规则和文化习俗。宝宝愿意主动探索科学和艺术。

大运动能力

宝宝能够熟练地进行跑、跳、攀爬等，并表现出更高的速度和敏捷性。宝宝能够尝试一些更复杂的体操动作和舞蹈步伐，比如翻滚、旋转等。宝宝能够熟练地进行球类运动，并表现出一定的技巧性和策略性。

社交行为能力

宝宝与同龄儿童建立更稳定、更深入的友谊关系，并维持较长时间。宝宝在团队活动中愿意承担一定的责任。宝宝对社交规则和礼仪能主动遵守，并推广给其他人。

精细动作能力

宝宝可以熟练使用绘画和手工艺工具，创作出更具创意的作品，完成编织、泥塑等手工活动。宝宝可以独立完成一些简单的组装和拆卸，比如玩具拼装等。

5.5~6岁宝宝的早教要点

★ 引导宝宝进行跑、跳练习，可以增加一些障碍或难度。

★ 让宝宝尝试舞蹈或体操，增加宝宝对身体的控制力。

★ 带领宝宝接触中国传统文化，比如京剧或其他非物质文化遗产。

★ 教宝宝初步理解更复杂的社会规则和文化习俗，帮助宝宝适应社交环境。

★ 引导宝宝探索和理解基本的科学原理，比如力、化学反应等，鼓励宝宝思考问题的因果关系。

★ 提供丰富的绘画和手工艺材料，鼓励宝宝观察事物，创作出更具创意的作品。

★ 和宝宝一起养小动物，比如蚕、鸡、鱼、鸟等。

★ 引导宝宝进行简单的自我介绍，描述自己的家庭、朋友、学校等环境，增强自我意识和社交能力。

★ 在团队活动中，鼓励宝宝承担一定的责任。

★ 深化宝宝对社交规则和礼仪的理解，引导宝宝主动遵守并推广给其他人，培养良好的社交习惯。

爸爸的运动小高手

5.5~6 岁是接近小学入学的年龄，宝宝身心各方面都有了很大的发展。这个时期，宝宝的身高增长较快，身体各部分比例匀称，早教游戏不仅可以让宝宝享受玩耍的乐趣，还可以让他在玩耍中不知不觉地提升自己的身体素质。

看京剧，画脸谱 精细动作

游戏目的：引导宝宝体验制作脸谱扇的乐趣，发展手指的灵活性。

游戏方法：1. 爸爸先带宝宝看一些京剧或相关视频，给宝宝一个接触中国京剧的机会。2. 爸爸可事先准备些脸谱图案，引导宝宝观察，再在旧挂历纸上勾画出几个脸谱的主要线条，衬在白扇面下，引导宝宝在此基础上大胆创作，设计自己想要的脸谱。3. 如果觉得脸谱不够逼真，爸爸和宝宝可以用毛线当胡须和头发，用各种彩色纸作为脸谱上的装饰物。

搬运任务 大运动

游戏目的：培养宝宝的协调能力和专注力，锻炼腿部力量。

游戏方法：1. 在地上布置一列圆圈，每个圆圈旁边放置一个小玩具。2. 引导宝宝靠近圆圈站立，告诉宝宝游戏规则：需要用脚夹住小玩具，通过跳跃搬运到相邻的圆圈内。3. 可以设定时间限制，引导宝宝在规定时间内搬运尽可能多的小玩具到圆圈内，增加挑战性。

躲避大挑战 大运动

游戏目的: 锻炼宝宝的上肢和核心肌肉力量，提高宝宝的身体协调性和反应能力。

游戏方法: 1. 准备一根 50 厘米的长棍，让宝宝在爬行垫上四肢着地，爸爸握住长棍的一端，蹲在宝宝的对面，保持长棍与宝宝平行。2. 爸爸左右晃动长棍，引导宝宝移动双手躲避，要求脚和身体不动。3. 根据宝宝的熟练程度，可以逐渐增加晃动的速度和频率，以增加游戏的挑战性和趣味性。

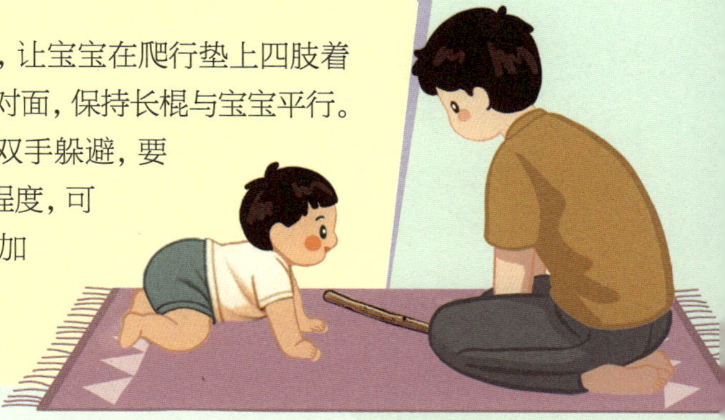

勇敢的侦察兵 大运动

游戏目的: 锻炼宝宝的身体协调能力和肌肉力量。

游戏方法: 1. 天黑之后，爸爸和宝宝一起来侦察小物品，例如娃娃、球、衣服、盒子等。2. 爸爸把被侦察的物品分别藏在各处，藏好后，关上房间的灯，由宝宝拿着手电筒当侦察兵。3. 爸爸引导侦察兵拿着手电筒去寻找被藏好的物品，可以让宝宝通过踮脚、弯腰、伸手等动作来寻找宝藏的位置。

涉险过溪 大运动

游戏目的: 锻炼宝宝的勇气与冒险精神，锻炼腿部肌肉力量和身体平衡能力。

游戏方法: 1. 爸爸和宝宝外出游玩，寻找一个有浅滩或者小溪流的地方。2. 引导宝宝观察水势，寻找水流较缓的涉水点，然后由爸爸决定是否可行。3. 如果宝宝选择不当，爸爸便向宝宝讲明道理，并教宝宝怎样识别水深及流速。4. 引导宝宝思考怎样过溪流才能保证安全，对宝宝的观点加以分析，并向宝宝解释。5. 鼓励宝宝带领爸爸过溪流，顺利通过后向宝宝表示感激和祝贺。

爸爸的智慧小明星

6 岁左右宝宝的好奇心和探索欲望愈发强烈。此刻，他渴望理解周围世界的奥秘。通过简单的实验和游戏，爸爸可以引导宝宝探索力、化学反应等科学原理，激发宝宝的创造力和想象力。这有助于让科学的种子在宝宝的心中生根发芽，为未来的学习之旅奠定坚实的基石。

两个和尚抬水吃 科学认知

游戏目的： 引导宝宝通过比较直观的方式了解杠杆原理，培养宝宝的观察力、逻辑思维和科学探究能力。

游戏方法： **1.** 爸爸提前准备约 2 米长的小木棍一根、小水桶一个。**2.** 把小水桶加满水，爸爸和宝宝一人握住木棍一端抬起水桶。**3.** 分别将水桶置于木棍中央、偏左、偏右位置，引导宝宝感受：水桶离自己越近越重，越远越轻。

小苏打和醋反应生成了不助燃的二氧化碳。

自制灭火器 科学认知

游戏目的： 引导宝宝了解简单的灭火原理，培养科学兴趣和实验能力。

游戏方法： **1.** 爸爸准备两只玻璃杯、一根小蜡烛、食醋、小苏打，点燃小蜡烛，滴几滴蜡烛油，将蜡烛固定在杯子里。**2.** 在另一只杯子中加入少量小苏打，再加入少许食醋。小苏打粉末开始冒泡。**3.** 慢慢将杯子中的泡沫倒向燃烧的蜡烛。只一瞬间，蜡烛就熄灭了。**4.** 爸爸引导宝宝观察这一现象，并向宝宝进行解释。

自制指南针 科学认知

游戏目的： 引导宝宝了解我国古代的四大发明之一，对磁力有初步的了解。

游戏方法： 1. 爸爸准备小磁铁、缝衣针、棉线，用棉线在缝衣针中央位置系起，使针悬空时能保持水平状态。2. 爸爸把缝衣针的针尖在小磁铁上反复摩擦后，提起棉线使针悬起，靠近磁铁，引导宝宝发现针的两头分别与磁铁相互吸引和相互排斥。3. 引导宝宝观察：将小磁针自由悬挂在空中，就会始终保持在南北方向，即使把它东西方向放置，它也会自然转向南北。

撕报纸游戏 科学认知

游戏目的： 引导宝宝通过感知纸的植物纤维走向，激发探索欲望。

游戏方法： 1. 爸爸准备废旧报纸，沿着与印刷字行的平行方向折好，撕下一条。再沿着与印刷字行垂直的方向折好，撕下一条。2. 引导宝宝观察：印刷字行的平行方向撕下的纸条，边缘总是有些弯曲和锯齿状，另一个方向撕下来的纸边就要平直很多。

纸陀螺 科学认知

游戏目的: 培养宝宝的色彩认知能力和观察力，理解色彩和视觉惯性的基本概念。

游戏方法: 1. 爸爸准备白纸板、剪刀、筷子、彩笔。用剪刀把白纸板剪出一个直径 4~5 厘米的圆形卡片，划分出七个均等的扇形区。2. 用彩笔在七个扇形区内按顺序分别涂上红、橙、黄、绿、青、蓝、紫色。3. 爸爸用筷子从圆心处插入一半，在平面上旋转，引导宝宝观察转动时“陀螺”颜色的变化：转动时，涂上去的所有美丽色彩都不见了，只看到一片白色或灰白色。当然，转动的速度快慢不同，颜色的变化也会有所不同。

捏鸡蛋 科学认知

游戏目的: 引导宝宝认识拱形的稳定性和力的作用方式，在比较中去发现和体验不同。

游戏方法: 1. 准备几个生鸡蛋（或鹌鹑蛋）。2. 引导宝宝把生鸡蛋整个攥在手里，使出最大的力气，看生鸡蛋会不会破碎。3. 引导宝宝用拇指和食指（或中指）捏住生鸡蛋，使劲儿，看会不会捏碎。

当相同的力作用面积更小时，它的压强会更大，如果用食指和拇指不能将鸡蛋捏碎，可以用指甲试试。

动力小船 科学认知

游戏目的: 引导宝宝通过了解水的表面张力，激发好奇心和探索欲望。

游戏方法: 1. 爸爸提前准备薄塑料泡沫板、水盆、肥皂、剪刀。2. 指导宝宝用薄塑料泡沫板剪出两只小船，在其中一只船的船尾开口处夹入少许肥皂。3. 将两只小船一同放入盛有清水的水盆中，宝宝可以看到夹入肥皂的小船一放在水里，就会迅速地向前游去。

记忆力大考验 认知

游戏目的: 提高宝宝的记忆力和注意力；增加识字量。

游戏方法: 1. 爸爸准备一些文字或字母闪卡，选出其中的五张给宝宝看。2. 要求宝宝在规定时间内记忆，然后把这五张闪卡掺入其他闪卡中。3. 引导宝宝在一堆闪卡中把这五张闪卡找出来。4. 如果宝宝不能找出来可适当降低难度，从三张闪卡开始，或协助宝宝把闪卡上的文字编成一个小故事，帮助宝宝记忆。

月历上的数字拼图 数学思维

游戏目的: 以游戏的方式培养和强化宝宝的秩序感、逻辑思维；培养宝宝爱动手动脑的好习惯。

游戏方法: 1. 准备一张旧月历，将月历上面的数字剪下来，包括年、月、日等数字，并打乱放置。2. 爸爸和宝宝比赛，看看谁能更快将数字按顺序正确地放在月历纸上，使之成为完整的月历。

爸爸的习惯小模范

6 岁左右是宝宝分辨是非与培养同情心的重要时期，爸爸通过早教游戏可以引导宝宝明确道德标准，学会关爱与尊重生命，树立积极的价值观。

好行为坏行为大对决 自我约束

游戏目的：通过对比，引导宝宝明白什么样的行为是正确的，培养宝宝良好的行为习惯和价值观。

游戏方法：1. 爸爸和宝宝一起讨论好行为与坏行为的不同之处。爸爸可以先说好行为的表现；与之相反的就是坏行为的表现，由宝宝陈述。2. 比如，爸爸说："好行为是信守承诺、说到做到。"宝宝说："坏行为是说话不算数。"爸爸说："好行为是不抢别人的物品。"宝宝说："坏行为是爱抢别人的物品。"3. 引导宝宝在这样的对比中明白什么样的行为是不对的，以便分辨周围人行为的好坏，约束自己的行为。

小鸟喂食器 爱护动物

游戏目的：通过与动物互动，培养宝宝对动物的保护意识和爱护动物的好习惯、好品德。

游戏方法：1. 爸爸在自家附近绿地制作一个鸟类喂食器或鸟窝，邀请小鸟们来家中做客。2. 和宝宝试一试能不能根据鸟的声音，分辨出是哪一种鸟的叫声，尝试用语言、动作或者眼神与小鸟交流。3. 爸爸和宝宝可以用游戏来演示各种条件下小鸟是如何生存的。